博雅撷英·杨立华作品集

庄子哲学研究

杨立华 著

A Study
on
Zhuangzi's
Philosophy

图书在版编目（CIP）数据

庄子哲学研究 / 杨立华著. —北京：北京大学出版社，2020.9
（博雅撷英·杨立华作品集）
ISBN 978-7-301-31503-3

Ⅰ.①庄…　Ⅱ.①杨…　Ⅲ.①庄周（约前369—前286）–哲学思想–研究　Ⅳ.① B223.55

中国版本图书馆 CIP 数据核字（2020）第 143279 号

书　　　名	庄子哲学研究 ZHUANGZI ZHEXUE YANJIU
著作责任者	杨立华　著
责任编辑	田　炜
标准书号	ISBN 978-7-301-31503-3
出版发行	北京大学出版社
地　　址	北京市海淀区成府路 205 号　100871
网　　址	http://www.pup.cn　新浪微博 @ 北京大学出版社
电子邮箱	编辑部 wsz@pup.cn　总编室 zpup@pup.cn
电　　话	邮购部 010-62752015　发行部 010-62750672 编辑部 010-62750577
印刷者	北京中科印刷有限公司
经销者	新华书店
	880 毫米 ×1230 毫米　A5　10.25 印张　186 千字 2020 年 9 月第 1 版　2024 年 7 月第 6 次印刷
定　　价	79.00 元

未经许可，不得以任何方式复制或抄袭本书之部分或全部内容。
版权所有，侵权必究
举报电话: 010-62752024　电子邮箱: fd@pup.cn
图书如有印装质量问题，请与出版部联系，电话: 010-62756370

目 录

绪 言   1

第一章 庄子世界中的人物   1
    一、无言者   2
    二、闻道者或知道者   3
    三、南郭子綦   5
    四、颜 回   8
    五、孔 子   10
    六、老 聃   15
    七、庄 周   17
    八、《庄子》内篇的经典性   22

第二章 心与形   33
    一、从"吾丧我"到"天籁"   33
    二、心、形、知、言等概念的提出   39

三、限定者　　49
　　四、承载者　　53

第三章　小大之辨与逍遥　　59
　　一、《逍遥游》与其他各篇的关联　　59
　　二、小大之辨　　64
　　三、逍遥与大知　　76

第四章　以明与因是　　83
　　一、成　心　　83
　　二、可不可之知　　90
　　三、言与辩　　94
　　四、因　是　　98
　　五、以　明　　106

第五章　齐物与所待　　111
　　一、"劳神明为一"与齐物　　111
　　二、言与一　　117
　　三、物　化　　120
　　四、觉与梦　　129
　　五、使与彼　　131

第六章　全性与死生　139

一、缘督以为经　139

二、天理固然　143

三、天人（一）　148

四、生死（一）　151

第七章　人间世与不得已　157

一、"一宅而寓于不得已"　157

二、"天下有大戒二"　167

三、"形莫若就，心莫若和"　172

四、无用之用　173

五、支离其德与临人以德　176

第八章　至德与至人　179

一、不言之教　179

二、命物之化　183

三、常　心　187

四、天人（二）　192

五、与物为春　197

第九章　大宗与吾师　　　　　　　　　　209

一、天人（三）　　　　　　　　　210

二、生死（二）　　　　　　　　　223

三、造物与造化　　　　　　　　　242

四、独体与道体　　　　　　　　　249

五、命　　　　　　　　　　　　　264

第十章　帝王与主宰　　　　　　　　　273

一、出于非人与入于非人　　　　　275

二、明王之治　　　　　　　　　　280

三、立乎不测　　　　　　　　　　286

四、用心若镜　　　　　　　　　　291

五、浑沌之死　　　　　　　　　　294

第十一章　真知之路　　　　　　　　　299

一、视　野　　　　　　　　　　　299

二、两条线索　　　　　　　　　　302

三、物之化与命之行　　　　　　　309

四、真宰与独体　　　　　　　　　313

五、"未之尽者"　　　　　　　　317

绪　言

　　哲学史工作通常面对的是文本形态的精神遗存。任何深入历史性思想主体的精一之域的尝试，都必须建立在有说服力的文本考辨的基础之上。这里以《庄子》内七篇为文本基础的庄子哲学研究，得益于前辈学人的敏锐洞察和扎实考证，特别是刘笑敢教授二十世纪八十年代初的卓越贡献。对庄子本人著述的辨明，使我们有可能进探其思理所达之境。随着文本和思想阐发的次第深入，我们将会看到《庄子》内篇令人惊讶的整体性和完成度：思想与概念展开的高度一致，精巧到近乎无迹的结构安排，看似偶然实则必需的叙述方式。基于这样的认识，以最庄重的态度对待每一个看似细小的文本起伏就成了当然的选择。

　　关于庄子，我们所知甚少。所能做的，不过读其书，"想见其为人"而已。庄子之文章漫无际涯，若戏为之者，然其根柢处沉潜深致，非端谨严肃之至者不能为也。从夹杂在拟想的对话之间的论说看,庄子是完全可以于晓畅平易中见幽远义蕴的。既然如此,又何必要寄微言于荒唐、托至理于谬悠呢?《天下》篇的作者明确意识到了这个问题,并给出了解释:"以天下为沉浊,不可与庄语;以卮言为曼衍,以重言为真,以寓言为广。"《天下》篇里的"卮言""重言""寓言"之说或出于《寓言》篇,然两者义趣迥异。《寓言》篇云:

寓言十九,重言十七,卮言日出,和以天倪。寓言十九,藉外论之。亲父不为其子媒。亲父誉之,不若非其父者也。非吾罪也,人之罪也。与己同则应,不与己同则反。同于己,为是之;异于己,为非之。重言十七,所以已言也,是为耆艾。

在《寓言》篇作者看来,庄子用"寓言""重言",旨在博取世人的信重。以庄子之超然自得,何致为取重于人而为此浮薄造作的修辞伎俩?《天下》篇作者取"寓言""重言"之目而舍其臆解,概亦以为肤浅俗陋,不足道也。"以天下为沉浊,不可与庄语",于庄子的精神确有会心处,但同样没能揭示出庄子的叙述风格背后的不得已。

在庄子的世界里,能抵达至德之域的只有极少数"有圣人之才"的人。而见独者之所见又在根本上无法进入言说和思想言说不可言说者,是庄子不得不注目的深渊。庄子不是第一个面对哲学的语言困境的,然而只有他驻足不前,将目光沉入至深的黑暗。以无条件的真知为追求,就只能以各种形态的"尝试言之"彰显不可言说的静默。考虑到庄子的哲学指向,直接以作者身份出现的著述,会有一个无法绕过的问题:说话的这人到底是谁?如果是至德者,至德所知不可言说;如果不是,那他所言说的又怎么可能是真知呢?不同进境的问道者、闻道者和知道者间的虚构对话中,至德者及其所知虽隐在背景,却是对话得以展开的枢纽和动力根源。如何理解至德者的真知之境,往往是对话的核心主题。即使是那些没有谈到至人的对话,对不可言说者的某种理解也潜藏在思理的根基处。庄子的叙述方式是真正诚实于自己思想处境的选择。

庄子给人以超逸绝凡的印象,主要是因为鲲鹏、罔两、浑沌等拟人化的寓言。其实,《庄子》内七篇里这一类的故事不过三数章而已。《人间世》中的栎社树是"见梦"于匠石,故不预此列。鹏之远举,喻示的大概是思致之辽远无极。罔两附景而有,是黯弱之至的存在,则极幽至微之处亦在所思的范围。思理的普遍性由中可见。浑沌之死是历史性遗忘的开始,一个由有限的、具体的知统治的时代到来了。庄子为文之用心处,岂徒然哉!

拒绝接受一切成见的思考者,其内心大概是冷的。然而庄子却有极温暖的一面。他对人间世的种种危险的警醒，更像是老道世故的忠告。可见其心底里的不忍。对父母的"不择地而安之"，更是庄子不能置诸怀抱之外的。看着在"儒、墨之是非"中一天天沉落下去的世界，庄子触摸到了某种历史的必然。还是守在漆园吧，"与天地精神独往来"，至少还可以有一个否定性的自主空间。但总得留下些什么吧，留给还妄想要"知其解"的后来者——终归还是不忍。

文本是历史性思想主体的精神遗迹。透过种种思的努力的印痕，试图在重现的过程中遇见曾经的伟大。本质上还是怀古——仰望中的凭吊。穿透历史，在目光的尽头，似乎真的看到了什么。

2020 年 4 月 9 日

第一章　庄子世界中的人物

考虑到庄子对言说的复杂思考，对于《庄子》[①]一书中的对话和议论就有了审慎甄别的必要。《庄子》内七篇中既有人物的对话，又有作者的直接议论。在众多的言说者当中，哪些是闻道者和知道者，哪些是议论的引出者或者是批评的对象，是要有明确区分的。进一步地，在闻道者和知道者的系列中，是否有不同的层次？作为作者的庄子本人在言说者的系列中处在一个什么样的位置？

---

① 在《庄子哲学及其演变》一书中，刘笑敢教授以详密的考证，证明了《庄子》内篇为庄子本人的作品，而外、杂篇则为庄子后学所作。本书着眼于庄子哲学的理解和阐发，因此，所用资料的范围严格限制在内七篇。关于刘笑敢教授的考证，参见：《庄子哲学及其演变》，北京：中国社会科学出版社，1988年2月，第3—33页。

一、无言者

在《庄子》内篇里，无言者的沉默构成了所有言说者的背景。鲲鹏、藐姑射之山的神人、鲁国的兀者王骀、卫国的"恶人"哀骀它、"有圣人之才"的卜梁倚、"以善丧盖鲁国"的孟孙才、泰氏和浑沌，都是无所言说的。言说的不确定性，是庄子深知的："夫言非吹也。言者有言，其所言者特未定也。果有言邪？其未尝有言邪？其以为异于鷇音，亦有辩乎？其无辩乎？"① 所以，在他的笔下，至德之人是默不作声的。在这样的背景下，所有的言说都只是权宜性的"尝言之"。

在无言者当中，《逍遥游》第一章里的鲲鹏值得特别的留意。《逍遥游》首章的主题是小大之辨。关于小大之辨，郭象注曰："苟足于其性，则虽大鹏无以自贵于小鸟，小鸟无羡于天池，而荣愿有余矣。故小大虽殊，逍遥一也。"② 这是试图以齐小大的思想贯通此章。然而，跟蜩与学鸠、斥鴳的笑而嘲之不同的是鹏自始至终的沉默。两相比较，高下自见。

与藐姑射之山的神人不同，《德充符》里的兀者王骀是居于人间的至德之人。当然，这只是表面上的差别。对于王骀的至

---

① 钱穆：《庄子纂笺》，北京：九州出版社，2011年1月，第13页。
② 郭庆藩：《庄子集释》，北京：中华书局，2004年1月，第9页。

德，庄子借仲尼之言评说道："死生亦大矣，而不得与之变；虽天地覆坠，亦将不与之遗。审乎无假，而不与物迁，命物之化，而守其宗也。"① 王骀只是尚未"择日而登假"②罢了。

《庄子》内七篇中的无言者的至德之境总是借闻道者和知道者之口说出的。他们既是所有言说的背景，也是言说背后的思想的归趣。

二、闻道者或知道者

闻道者或知道者并不都有成为至德之人的可能。在《大宗师》里，女偊在回答南伯子葵"道，可得学邪"的提问时说：

> 恶，恶可！子非其人也。夫卜梁倚，有圣人之才，而无圣人之道；我有圣人之道，而无圣人之才。③

既然能否达到至人之境取决于先天的材质，那么，通过闻道或知道来追求最高的境界就不可能是普遍的道路。这样一来，至人之境对于人生的意义也就成了疑问。如果说至德之人的存在

---

① 《庄子纂笺》，第41页。
② 《庄子纂笺》，第42页。
③ 《庄子纂笺》，第54页。

能够带来理想的世界,那么,为何无论是藐姑射之山的神人还是在人间的王骀、哀骀它都没有改变天下无道的局面?而如果闻道或知道并不能必然地达到至德之地,那么,闻道或知道与否又有什么质的不同呢?可以说,至德之人的存在在庄子哲学中的位置从一开始就充满了悬疑。如果不能在普遍的修养道路的极致方向上安顿庄子的至德之人,我们恐怕就得从别的方向上寻求理解的可能了。

在闻道者或知道者当中,通过对话关系我们可以确定其中人物所造之境的高下。比如,《逍遥游》里的肩吾与连叔,《齐物论》中的颜成子游与南郭子綦、齧缺与王倪、瞿鹊子与长梧子,《大宗师》中的南伯子葵与女偊等等。但如果我们将《庄子》中的不同对话关联起来,就很难衡量不同对话语境间人物所见层次的不同。整体上把握《庄子》的思想取向,我们大概可以确定几个粗线条的标准:无言者高于有言者,自知不知者高于自认有知者,忘却分别的人高于有分别者。根据这几个粗线条的标准,我们大概可以确定有所言说的闻道者中所见最高的,竟然只有王倪和长梧子。王倪对齧缺的提问"四问四不知",而且有所道说时也明确强调"尝试言之"。① 长梧子对瞿鹊子之问,

---

① 《庄子纂笺》,第19—20页。

亦曰："予尝为女妄言之，女以妄听之。"①《大宗师》里的许由，也勉强可以归入这个系列中。许由在面对意而子"庸讵知夫造物者之不息我黥，而补我劓，使我乘成以随先生邪"的反问时也说："噫！未可知也"，但随后所说的"我为汝言其大略"，还是透露出他对自己的所知过分强烈的确信。②

王倪和长梧子以外的言说者，皆知之甚笃、言之凿凿。其中，《大宗师》中的女偊和孔子略有不同：他们明确知道自己没有达到至德的可能。女偊说自己："我有圣人之道，而无圣人之才"③；孔子更明确知道："丘，天之戮民也"④。这种确定无疑的自知，使之与其他闻道者区别开来。作为女偊的议论的引出者，南伯子葵对自己的可能性的边界就没有足够清醒的认识。而南伯子葵在《庄子》中实在是一个值得讨论的人物。

三、南郭子綦

《大宗师》中的南伯子葵、《人间世》中的南伯子綦和《齐物论》中的南郭子綦，是否是同一个人？郭象《庄子注》盖以

---

① 《庄子纂笺》，第21页。
② 《庄子纂笺》，第60页。
③ 《庄子纂笺》，第54页。
④ 《庄子纂笺》，第58页。

为皆寓言人物,所以未尝措意。成玄英《疏》于《人间世》南伯子綦下释曰:"伯,长也。其道甚尊,堪为物长,故〔谓〕之伯,即南郭子綦也。"①于《大宗师》南伯子葵下则曰:"葵当为綦字之误,犹《人间世》篇中南郭子綦也。"②成《疏》误将《人间世》中的"南伯子綦"写作"南郭子綦",应是偶然的笔误。在成玄英看来,南伯子葵、南伯子綦和南郭子綦显然是同一个人。林希逸《庄子鬳斋口义》、王夫之《庄子解》都未关注这一问题。③吕惠卿于《大宗师》的南伯子葵之名特加发挥:"南则明也,伯则为物长者也,葵则向明者也。南伯子葵则其质之明而可以为物长趣明而不已者也,是以知问道也。"④《庄子》一书拟想出来的人物名号,或有其深意。然而别无佐证,刻意深求则难免穿凿之病。从吕氏的发挥看,他并没有将南伯子葵与南伯子綦、南郭子綦关联起来的意思。或许这个问题也并没有进入他的视野。相较而言,王叔岷《庄子校诠》中的考辨更具说服力:

---

① 《庄子集释》,第 176 页。
② 《庄子集释》,第 252 页。
③ 王夫之:《老子衍·庄子通·庄子解》,王孝鱼点校,北京:中华书局,2009 年 5 月。林希逸:《庄子鬳斋口义校注》,周启成校注,北京:中华书局,1997 年 3 月。
④ 吕惠卿:《庄子义集校》,汤君集校,北京:中华书局,2009 年 2 月,第 131 页。

成《疏》："伯,长也,即南郭子綦也。商丘,地名,在梁、宋之域。"《释文》:"南伯,李云:'即南郭也。伯,长也。'商之丘,司马云:'今梁国睢阳县是也。'"案《大宗师篇》成《疏》、《事文类聚后集》二三引此,南伯并作南郭。伯、郭声近相通,《齐物论篇》:"南郭子綦隐几而坐",《徐无鬼篇》作南伯(参看《经义述闻》九引王念孙说)。《大宗师篇》:"南伯子葵问乎女偊曰。"《文选》范蔚宗《乐游应诏诗》注引作南郭,并其比。①

这则考辨以《庄子》内篇与杂篇以及其他典籍中的引文相参照,证明"伯、郭声近相通",是令人信服的。以同样的方式,王叔岷指出"葵"字当作"綦"字。② 由此可知,《大宗师》的南伯子葵、《人间世》的南伯子綦就是《齐物论》开篇就出场的南郭子綦。

《齐物论》开篇的"吾丧我"和"天籁"几乎塑造了读者对庄子哲学的基本理解。然而,南郭子綦竟然是既无圣人之道也无圣人之才的。作为至德之境的向往者,南郭子綦所言与其说是问题的答案,毋宁说只是问题的提出。换言之,"夫吹万不

---

① 王叔岷:《庄子校诠》,北京:中华书局,2007年6月,第158页。
② 《庄子校诠》,第235页。

同，而使其自己也。咸其自取，怒者其谁邪"①，不是一个终极的哲学洞见，而是指向答案的根本问题。

南郭子綦虽然不是闻道者中所造之境最高的，但在庄子构造的哲学世界中，却有其不可或缺的位置。这一点，需要联系《庄子》内七篇中颜回的形象来理解。

四、颜　回

在《庄子》内篇里，颜回一共出现了三次，分别在《人间世》和《大宗师》。《人间世》里的颜回，是引出孔子关于人世的种种复杂情态和危险的议论的发问者。在《大宗师》里，颜回先是孟孙才的质疑者，随后又成了达到"坐忘"之境的道的证验者。《人间世》里的颜回在孔子的问难中，每一次道说都有更高的进境。而且，在孔子讲明"心斋"以后，就立刻做到了"得使之也，未始有回也"②。《大宗师》里颜回与孔子的对话虽然分在两章，其实也可以视为一个连续的整体：后面一连串"回益矣"，正是前面孔子教诲的结果。这一好学敏求的形象与《论语》等书的记载是一致的。

---

① 《庄子纂笺》，第10页。
② 《庄子纂笺》，第32页。

从"忘仁义""忘礼乐"到"坐忘",《大宗师》里的颜回进益的阶次,很像女偊"守而告之"的卜梁倚。然而,颜回终归是一个言说者。他与始终沉默的卜梁倚之间看似未达一间,然而这未达的一间其实是天堑。

值得注意的是颜回的"得使之也,未始有回也"和"坐忘"与南郭子綦的"吾丧我"之间的关联。无论是南郭子綦的"吾丧我"还是颜回的"坐忘",都在短时间达到了对道的某种亲身的证验,然而,这种真切的体证只是暂时的。形若槁木、心若死灰的南郭子綦还是回到了言说的世界,向颜成子游陈说"人籁""地籁"与"天籁"的分别。颜回在"坐忘"之后,还是向孔子讲述了"坐忘"之境的体会。暂时的亲身证验当然不是至德之境的达成,但在庄子的哲学世界当中,却有其无可替代的作用。

至德者的沉默是问题的关键。既然真正在至德之境的人是无所言说的,那岂不等于说一切关于至德之人的描述都只能出于外在的观察和揣测?建立在这种外在的观察和揣测之上的思考,有什么确实可靠的基础吗?正因为有了颜回、南郭子綦这样有短暂证道经验的人的存在,至德者的沉默之境与言说者的文辞世界之间才有了通联的可能。证道的经验一旦进入言说世界,也就成了可能的思想环节。南郭子綦的"吾丧我"引出了有关"天籁"的思考和论说。颜回对"坐忘"的解释当中,已经包含了"离形去知,同于大通"这样有丰富思辨可能的表达。我们当然不能说《庄子》中所有关于至德之境的哲学思考都来自南郭子綦和颜回,但这一类有亲证经验的传达者无疑是相关知识和思想的根源所在。对至德之境的描述和解说在庄子哲学中是有着关键作用的:不仅是裁度种种生存样态的进境的衡准,还是最高的知的体现,是思考的终极指向。

五、孔 子

孔子在《庄子》一书中是反复出现的人物。即使最粗略的印象,也可以让我们得出这样的结论:一方面,孔子对至德之境有着深刻的理解,尽管这些理解是文辞和思辨意义上的;另一方面,他对人间世的种种复杂情境也有全面周到的认识。

关于《庄子》内篇中的孔子,首先需要辨析的是《德充符》里叔山无趾"踵见仲尼"这一章的真伪。钱穆对于此章的评价是完全负面的:"穆按:此章浅薄不类。"[1] 盖以为此章非《庄子》本文。钱穆的评判并没有可靠的根据,只是主观的印象。当然,与内七篇里总体而言正面的孔子形象相比,这一章的确是个例外。然而,如果我们将此章与《庄子》内篇里其他涉及

---

[1] 《庄子纂笺》,第44页。

孔子的各章相参照，就会发现其间贯通的一致性。首先是对孔子好学的特点的凸显。在受到叔山无趾的批评后，孔子说："丘则陋矣。夫子胡不入乎？请讲以所闻！"① 在《大宗师》里，孔子听闻颜回的"坐忘"之论后，也说："而果其贤乎！丘也，请从而后也。"② 与好学相关联的，是孔子自省的态度。"丘则陋矣"的自我批评，与《大宗师》"子桑户死"、孔子"使子贡往待事焉"一节孔子的自省完全一致："彼，游方之外者也；而丘，游方之内者也。外内不相及，而丘使女往吊之，丘则陋矣。"③ 更为重要的是，叔山无趾对孔子的理解，与《大宗师》里孔子的自我理解是相符的：

老聃曰："胡不直使彼以死生为一条，以可不可为一贯者，解其桎梏，其可乎？"无趾曰："天刑之，安可解？"④

子贡曰："然则夫子何方之依？"曰："丘，天之戮民也。虽然，吾与汝共之。"⑤

---

① 《庄子纂笺》，第44页。
② 《庄子纂笺》，第61页。
③ 《庄子纂笺》，第58页。
④ 《庄子纂笺》，第44页。
⑤ 《庄子纂笺》，第58页。

对于叔山无趾所说的"天刑之,安可解",王叔岷注曰:"案孔子之再逐于鲁,削迹于卫,伐树于宋,穷于商、周,围于陈、蔡,何异遭刑邪!"①这一注释显然错失了上下文的语脉。与之相较,成《疏》虽不无迂曲,但于文章主旨仍能有整体的把握:"仲尼宪章文武,祖述尧舜,删《诗》《书》,定礼乐,穷陈蔡,围商周,执于仁义,遭斯戮耻。亦犹行则影从,言则响随,自然之势,必至之宜也。是以陈迹既兴,疵衅斯起,欲不困弊,其可得乎!故天然刑戮,不可解也。"②就叔山无趾踵见仲尼这一章,"天刑之"的所指在上下文中其实是非常清楚的——"彼且蕲以諔诡幻怪之名闻,不知至人之以是为己桎梏邪"③。叔山无趾针对的是孔子不能超然于世俗声名的羁绊,而不是孔子一生的遭际。《大宗师》里孔子对此是有着清醒认识的:"丘,天之戮民也。"对人间世的关切是孔子天然的"性分",是孔子的"不可奈何"。

读《人间世》,我们会对孔子关于人世间的复杂情境以及其中蕴涵的种种危险的理解留下深刻的印象。在"颜回见仲尼,请行"一章中,孔子一开始就展现出了对人的种种可能样态的洞察:

---

① 《庄子校诠》,第187页。
② 《庄子集释》,第206页。
③ 《庄子纂笺》,第44页。九州本"桎梏"作"极梏",据三联本等校改。

若殆为人菑夫!且苟为悦贤而恶不肖,恶用而求有以异?若唯无诏,王公必将乘人而斗其捷。而目将荧之,而色将平之,口将营之,心且成之。是以火救火,以水救水,名之曰益多。顺始无穷,若殆以不信厚言,必死于暴人之前矣。①

在这段不足百字的议论中,几乎已经可以看出《韩非子·说难》篇的轮廓了。②而获得这样的复杂体会,却并不是孔子刻意求之的结果,而应该理解为孔子不可逃的性分所在。同样是在《人间世》里,孔子告诫叶公子高说:"是以夫事其亲者,不择地而安之,孝之至也;夫事其君者,不择事而安之,忠之盛也;自事其心者,哀乐不易施乎前,知其不可奈何而安之若命,德之至也。为人臣、子者,固有所不得已。行事之情,而忘其身,何暇至于悦生而恶死!"③对人间世的关切和理解正是孔子的"不可奈何","安之若命"也就成了他唯一正确的选择。郭象将孔

---

① 《庄子纂笺》,第30页。
② 王先慎:《韩非子集解》,北京:中华书局,1998年7月,第85—95页。关于《庄子》对《韩非子》的影响,参见刘笑敢:《庄子哲学及其演变》,第37—39页。
③ 《庄子纂笺》,第34页。

子理解为至德的"冥迹"者,①这与《庄子》中的孔子形象是不相符合的。但试图透过表面上的抑扬更为深入地理解《庄子》中的孔子,却是值得肯定的方向。

《庄子》内七篇中的孔子,又是一个对至人之德有着透彻领会的人。孔子是《德充符》里的兀者王骀、"恶人"哀骀它的至德之境的解释者,是《大宗师》里的孟子反、子琴张、孟孙才的骇俗之举的辩护者。然而,《庄子》并没有将孔子对至人之德的理解简单地接受下来,而是将其放在更深刻的质疑之下:

> 瞿鹊子问乎长梧子曰:"吾闻诸夫子:'圣人不从事于务,不就利,不违害,不喜求;不缘道,无谓有谓,有谓无谓,而游乎尘垢之外。'夫子以为孟浪之言,而我以为妙道之行也。吾子以为奚若?"长梧子曰:"是黄帝之所听荧也,而丘也何足以知之!……丘也,与女皆梦也;予谓女梦,亦梦也。是其言也,其名为吊诡。"②

---

① 在"无趾曰:'天刑之,安可解!'"注中,郭象写道:"今仲尼非不冥也。顾自然之理,行则影从,言则响随。夫顺物则名迹斯立,而顺物者非为名也。非为名则至矣,而终不免乎名,则孰能解之哉!"《庄子集释》,第206页。

② 《庄子纂笺》,第20-22页。

值得注意的是,孔子清楚地知道自己关于圣人的见解只是"孟浪之言"。这里的"孟浪",崔譔解为"不精要之貌"。① 长梧子更进一步以"丘也何足以知之"和"丘也,与女皆梦也"强化了上文中孔子的自我认识。我们在前面已经指出,《庄子》内篇里的至人都是无言者。孔子显然不是达到了至德之境的人,他甚至不是南郭子綦和颜回那样有一时的亲身证验的人。因此,孔子对至人的理解不可能是"精要"的,只能停留在知解和文辞的层面。然而,正是这种止步于言和知的层面的认识,使得至人之德能够更为充分地进入哲学思辨的范围,丰富并深化了庄子哲学的思想内涵。

六、老　聃

在《庄子》内篇里,老聃只出现了三次。第一次是在《养生主》末章,开篇即是"老聃死"② ——老聃只是秦失抒发议论的背景。当然,秦失对于生死问题的态度,应该可以从侧面反映出作为秦失之友的老聃的看法。老聃第二次出现是在《德充符》"叔山无趾踵见仲尼"一章,同样也不是议论的核心,而

---

① 《庄子校诠》,第 86 页。
② 《庄子纂笺》,第 27 页。

只是关键结论的引出者。尽管只有寥寥数句,还是能从中看出其对至道的理解:

> 老聃曰:"胡不直使彼以死生为一条,以可不可为一贯者,解其桎梏,其可乎?"①

在这一章里,老聃对于死生问题的关切与《养生主》末章秦失的议论是一致的。而且"解其桎梏"的说法也与《养生主》末章的"帝之悬解"有密切的关联。这从另一角度证实了"叔山无趾"章是《庄子》内篇的本文。《老子》一书并不关注生死问题,也没有与"解悬"类似的讲法。这些议论应该都是庄子依托老聃来阐发自己的思想。

与《老子》一书思想相近的是《应帝王》中老聃的论说:

> 阳子居蹴然曰:"敢问明王之治。"老聃曰:"明王之治,功盖天下,而似不自己,化贷万物,而民弗恃;有莫举名,使物自喜;立乎不测,而游于无有者也。"②

老聃这段关于"明王之治"的论述,总体而言是符合《老子》

---

① 《庄子纂笺》,第44页。
② 《庄子纂笺》,第65页。

的政治思想的，只是最后一句"立乎不测，而游于无有者也"应该是庄子额外添加上去的。而之所以要做这样的添加，应该是为了引出此后一章壶子对季咸的种种呈示。《庄子》多寄寓之言。即使偶尔有与其他经典相合之处，往往也依上下文脉而有所增减。《人间世》结尾"楚狂接舆"一章，或出自《论语》，但文义和语脉都做了调整。《应帝王》中的老聃不仅是有所言说的，而且明确地表现出了对治理的关切和思考。这与不以天下之治为意的许由（《逍遥游》）和无名人（《应帝王》）等有着根本的不同。由此可知，在《庄子》内篇里，老聃也非至德之人。

七、庄　周

庄周本人在《庄子》内篇里有三种出场的方式：其一，作为对话的一方。《庄子》内七篇记录庄子与惠施的对话共有三次，皆为短章。所论问题表面上看也并无深致。不过，由于是本人对话的记录，对于很多关键哲学问题的理解方向有决定性的作用；其二，作为对话体以外的各种直接论述的作者。这部分内容是理解庄子哲学的基本资料；其三，隐藏在某些虚构的对话人物背后，借以呈显出自己的思路所达到的高致。这种方式不易察觉，却能藉此看出庄子本人的自我理解。

作为作者的庄子在闻道者和知道者的系列中究竟处于一个什么样的位置呢？《庄子》内篇除各种虚构的对话外，还有大量作者的直接论述，其中以《齐物论》和《大宗师》最为集中。由于庄子对言说的复杂思考，我们有必要将这些直接的论述与他虚构对话中的人物准确地对应，从而使庄子思考的固有脉络层次清晰地呈显出来。而这一呼应和关联必须以确实可靠的文本证据为基础。好在庄子给我们留下了线索。《大宗师》第二章[①]有这样一段直接的论述：

夫大块载我以形，劳我以生，佚我以老，息我以死。故善吾生者，乃所以善吾死也。夫藏舟于壑，藏山于泽，谓之固矣。然而夜半有力者负之而走，昧者不知也。[②]

这段论述辞致晓畅，并无错简之嫌。而同样的语句在《大宗师》"子祀、子舆、子犁、子来四人相与语"一章又一次出现：

父母于子，东西南北，唯命之从。阴阳于人，不翅于父母。彼近吾死，而我不听。我则悍矣，彼何罪焉！夫

---

① 此处之分章依钱穆《庄子纂笺》。
② 《庄子纂笺》，第52—53页。

> 大块载我以形,劳我以生,佚我以老,息我以死。故善吾生者,乃所以善吾死也。①

由于《庄子》内七篇中的直接论述是庄子本人的话,而在虚构的对话中也出现了同样的话,由此可以推知,子祀、子来等人是庄子本人在自己虚构的故事中的形象。

《大宗师》"子桑户、孟子反、子琴张三人相与友"一章,与"子祀、子舆、子犁、子来"章关联密切,都是"相视而笑,莫逆于心,遂相与友"②。由此可知,子桑户等人也是庄子本人在虚构对话中的投射。《大宗师》最后一章"子舆与子桑友",也是庄子本人的匿名出场。这几章的关联在于共同的"友"字。除这几章外,在《庄子》中,"友"的关系只出现过两次:一次是在《养生主》,秦失弟子问:"非夫子之友邪?"③一次是《德充符》,鲁哀公说:"吾与孔丘,非君臣也,德友而已矣。"④秦失与老聃确实是"友"的关系,虽然《庄子》没有讲出两人"相与为友"的话,但从秦失对吊丧的态度和理解看,应该同样是"莫逆于心"的。至于哀公与孔子,则只是哀公单方面的讲法,

---

① 《庄子纂笺》,第57页。
② 《庄子纂笺》,第56—57页。
③ 《庄子纂笺》,第27页。
④ 《庄子纂笺》,第46页。

而且也只是表达尊重而已。从上述几章庄子对朋友的理解看，庄子应该是一个彻底孤独的人。他虚构出来的朋友关系，在他本人的生活世界并不存在。

读《庄子》的人，多以为惠施是庄子的朋友。这显然是受了外、杂篇中各种故事的影响。以上面提到的几章对"友"的理解，庄子与惠施是不可能"相视一笑，莫逆于心"的。除两人之间辩论的记录外，庄子在论述当中有对惠施非常尖锐的嘲讽：

> 未成乎心而有是非，是今日适越而昔至也。是以无有为有。无有为有，虽有神禹，且不能知，吾独且奈何哉？①
> 劳神明为一，而不知其同也，谓之朝三。何谓朝三？曰：狙公赋芧，曰："朝三而莫四。"众狙皆怒。曰："然则朝四而莫三。"众狙皆悦。名实未亏，而喜怒为用，亦因是也。②

前一节中的"今日适越而昔至"，是惠施"历物之意"的命题之一。③ 庄子以为这样的论题是"未成乎心而有是非"，完全的无

---

① 《庄子纂笺》，第13页。引文标点有校正。
② 《庄子纂笺》，第15页。
③ 《庄子·天下》篇载："历物之意，曰：……南方无穷而有穷，今日适越而昔来。"《庄子纂笺》，第273—274页。

稽之谈，是比以"成心"为基础的是非之争更低的。后面一节的"劳神明为一，而不知其同也"指涉的应该也是惠施。惠施也讲"齐物"："天与地卑，山与泽平。……大同而与小同异，此之谓小同异；万物毕同毕异，此之谓大同异。"① 但惠施的齐物之论，全由名辩而来，因此庄子说他是"劳神明为一"，甚至以众狙来比拟。庄子与惠施有思想上的交流，应该是确凿无疑的。但因此就认为两人相交甚深，则失之远矣。外、杂篇总体而言应该是后世学庄者所为。② 其中关于庄子与惠施的故事，大抵是仿庄子的著作风格杜撰而成的。

我们这里强调外、杂篇为"后世学庄者"所为，是要以此与所谓"庄子后学"区别开来。《庄子》一书中提及庄子弟子的都在外、杂篇，内七篇中没有相关的记述。而在《大宗师》"子祀、子舆、子犁、子来"章和"子桑户、孟子反、子琴张"章中，那些作为庄子自身投射的人物都没有弟子：

> 俄而子来有病，喘喘然将死，其妻子环而泣之。子犁

---

① 《庄子纂笺》，第273—274页。
② 王夫之说："外篇非庄子之书，盖为庄子之学者，欲引伸之，而见之弗逮，求肖而不能也。……内篇虽与老子相近，而别为一宗，以脱卸其矫激权诈之失；外篇则但为老子作训诂，而不能探化理于玄微。故其可与内篇相发明者，十之二三，而浅薄虚嚣之说，杂出而厌观；盖非出一人之手，**乃学庄者杂辑以成书**。"见《老子衍·庄子通·庄子解》，第150页。

往问之，曰："叱！避！无怛化！"①

值得注意的是，正是子来说出了"夫大块载我以形，劳我以生，佚我以老，息我以死。故善吾生者，乃所以善吾死也"这段庄子直接论述中的话。庄子借子来这个人物悬想自己将死时的场景——"妻子环而泣之"，并没有弟子在场。庄子是一个孤独到了极致的人，在传说和虚构的人物及对话中，展开出千古独绝的思想世界。

八、《庄子》内篇的经典性

对于《庄子》内七篇，我们究竟应该以什么样的态度来解读，是一个不容回避的问题。能否将《庄子》内篇看作一个结构严谨的完整作品，对于我们研究的深细程度有着决定性的影响。王叔岷先生以为应"破除内、外、杂篇观念"②，因为"今传《庄子》内、外、杂篇之区画，乃定于郭象。内篇未必尽可信，外篇及杂篇未必尽可疑也"③。而王叔岷藉以论定内、外、杂篇的区分出于郭象之私意的根据，却大都经不起推敲。刘笑敢教授在《庄

---

① 《庄子纂笺》，第56页。
② 王叔岷：《庄学管窥》，北京：中华书局，2007年8月，第20页。
③ 《庄子校诠》，第305页。

子哲学及其演变》一书中,对此有详细的辩驳。①根据刘笑敢的考证,内篇早于外、杂篇,而且"与外杂篇相错乱的情况并不严重"②。钟泰先生以为"外、杂篇有可疑,而内七篇则无可疑;外、杂篇有非庄子自作,而内七篇则非庄子莫能为"③:

  郭氏与司马异同,今不可知,然有须辩者。世人以为司马彪所注即《汉书·艺文志》五十二篇之旧,则未然也。据《释文》所列,彪本合内外杂篇亦只四十有九,外解说三,与为音三卷同,自是彪所自为,安得以是三篇充五十二篇之数哉?盖五十二篇者,其中实多巧杂窜入,即司马氏亦有并合删削者矣。今各本皆佚,惟郭本独传,则欲上穷庄叟之蕴,固非郭本莫由,若其中义有未醇、辞或过当,大抵漆园门下之文,附之以传者,以内七篇宗旨印之,何取何舍,必无差失。《释文·序录》有云:"内篇众家并同,自余或有外而无杂。"是则外杂之篇,或有争议,若内七篇,则众所同是,更无可疑,故读三十三篇,以七篇为本经,而以余二十六篇为羽翼,是乃不可易之准则。④

---

① 《庄子哲学及其演变》,第28—30页。
② 《庄子哲学及其演变》,第31页。
③ 钟泰:《庄子发微》,上海:上海古籍出版社,2002年4月,第2页。
④ 《庄子发微》,第181—182页。

钟泰、刘笑敢二位先生的观点基本上是允当的,但《庄子》内七篇的完整性还是有进一步深入讨论的必要,从而在更强有力的基础上得到证实。

王夫之认为"外篇文义虽相属,而多浮蔓卑隘之说;杂篇言虽不纯,而微至之语,较能发内篇未发之旨"①。船山所见皆出于对《庄子》文理思致的体会,并没有可靠的依据,但大哲学家的洞见,往往有默会心契处。细考杂篇中某些片断的章节,可以对内七篇的成篇情况有更切实的把握。

《庄子》杂篇《徐无鬼》中,有一则南伯子綦与颜成子的对话:

> 南伯子綦隐几而坐,仰天而嘘。颜成子入见,曰:"夫子,物之尤也。形固可使若槁骸,心固可使若死灰乎?"曰:"吾尝居山穴之中矣。当是时也,田禾一睹我,而齐国之众三贺之。我必先之,彼故知之;我必卖之,彼故鬻之。若我而不有之,彼恶得而知之?若我而不卖之,彼恶得而鬻之?嗟乎!我悲人之自丧者,吾又悲夫悲人者,吾又悲夫悲人之悲者,其后而日远矣!"②

---

① 《老子衍·庄子通·庄子解》,第270页。
② 《庄子纂笺》,第202页。

这则对话的开头与《齐物论》首章基本一致，只有"南郭子綦"作"南伯子綦"、"颜成子游"作"颜成子"、"槁木"作"槁骸"等几处细微的差异。从"我悲人之自丧者，吾又悲夫悲人者，吾又悲夫悲人之悲者"这样的论述看，也符合《齐物论》的思维方式和行文风格。这应该不是后世学庄者的仿作，如《秋水篇》之于《逍遥游》。①仿作应该只保留人物关系，而不应该是完全相同的情节。这则对话很可能是《庄子》内七篇未成篇时的片断写作，处于过渡形态或草稿形态的作品。

与此相类但更能说明问题的是《寓言》篇的"众罔两问于景曰"一章：

> 众罔两问于景曰："若向也俯，而今也仰；向也括，而今也被发；向也坐，而今也起；向也行，而今也止；何也？"景曰："搜搜也，奚稍问也？予有而不知所以。予，蜩甲也？蛇蜕也？似之而非也。火与日，吾屯也；阴与夜，吾代也。彼，吾所以有待邪？而况乎以有待者乎！彼来，则我与之来；彼往，则我与之往；彼强阳，则我与之强阳。

---

① 《庄子》外篇的《秋水》是仿《逍遥游》而作的，整个篇章结构完全一致：《逍遥游》七章，《秋水》也是七章；《逍遥游》首章讨论小大之辨，《秋水》也讨论小大之辨；《逍遥游》最后两章是庄子与惠施的对话，《秋水》最后两章也是庄子与惠施的故事。

强阳者,又何以有问乎!"①

这一章与《齐物论》"罔两问景"章基本相同。两章中的对话关系、基本语词、核心概念和思想内涵,几乎完全一致。但相较而言,《齐物论》"罔两问景"章更简明凝练,行文也更顺畅。《寓言》篇这一章应该是未定稿的残篇,是《齐物论》"罔两问景"章成篇前的形态。

《庚桑楚》篇"宇泰定者,发乎天光"至"是蜩与学鸠同于同也"一节,值得引起特别的重视。这一节在文辞和思想上与内篇多有重叠:"知止乎其所不能知,至矣。若有不即是者,天钧败之"②,其中的"知止乎其所不能知,至矣"与《齐物论》"故知止其所不知,至矣"相合,"天钧"一词亦见于《齐物论》;"道通,其分也,〔成也〕③;其成也,毁也"④与《齐物论》"恑憰怪,道通为一"一段基本一致;"移是,今之人也,是蜩与学鸠同于同也"⑤,其中的"蜩与学鸠"亦见于《逍遥游》。这

---

① 《庄子纂笺》,第230—231页。

② 《庄子纂笺》,第188页。

③ 王叔岷注曰:"于省吾云:'此应依高山寺《卷子本》作"道通,其分也成也,其成也毁也。"今本"其分也"下挩"成也"二字。'案'其分也'下无'成也'二字,则文意不完,《卷子本》是也。"见《庄子校诠》,第893页。

④ 《庄子纂笺》,第189页。

⑤ 《庄子纂笺》,第191—192页。

一节中更值得留意的是下面这段话：

> 古之人，其知有所至矣。恶乎至？有以为未始有物者，至矣，尽矣，弗可以加矣。其次以为有物矣，将以生为丧也，以死为反也，是以分已。其次曰始无有，既而有生，生俄而死；以无有为首，以生为体，以死为尻。孰知有无死生之一守者，吾与之为友。①

这段话把《齐物论》和《大宗师》的两段重要论述结合起来了。在这段文字中，论述者以第一人称出场："孰知有无死生之一守者，**吾与之为友**。"根据我们前面对庄子本人在内七篇当中的出场方式的分析，这一节以第一人称"吾"阐发的论说恰与在《大宗师》的故事中作为庄子本人的投射人物（即"子祀、子舆、子犁、子来"章中的人物）的论说相同。由此可以推知，这一节应为庄子本人所作。钟泰认为《庚桑楚》篇自"宇泰定者，发乎天光"以下，"皆庄子之言"。② 王夫之对《庚桑楚》篇亦有极高评价："此篇之旨，笼罩极大，《齐物论》所谓'休之以天均'也。……庄子之旨，于此篇而尽揭以示人：所谓'忘小大之辨'者此也，

---

① 《庄子纂笺》，第190页。
② 《庄子发微》，第532页。

所谓'照之以天'者此也,所谓'参万岁而一成纯'者此也,所谓'自其同'者此也,所谓'目无全牛'者此也,所谓'知天之所为'者此也,所谓'未始出吾宗'者此也。"① 上述议论虽亦有辨析未精之处,但都看到了此节之深蕴有非庄子不能为者。

钱穆在此节末尾的注释中,引用了叶国庆《庄子研究》中的论断:"'蜩与学鸠'句,暗用逍遥游篇,亦后学者所作。"② 应该也代表了钱穆的看法。这一见解看似合理,实则不然。从"是蜩与学鸠同于同也"这句话,最多只能得出这一节的写作是在《逍遥游》首章的主体部分完成之后的结论,而不能据此断言其为后人所作。"宇泰定者,发乎天光"一节,既有《齐物论》和《大宗师》的重要思想,也有传世本《庄子》内篇所没有的精深论述:

> 出无本,入无窍。有实而无乎处,有长而无乎本剽,有所出而无窍者有实。有实而无乎处者,宇也;有长而无本剽者,宙也。有乎生,有乎死;有乎出,有乎入;入出而无见其形,是谓天门。天门者,无有也。万物出乎无有。有不能以有为有,必出乎无有,而无有一无有。圣人藏乎是。③

---

① 《老子衍·庄子通·庄子解》,第271页。
② 《庄子纂笺》,第192页。
③ 《庄子纂笺》,第190页。

这一段论述中的关键词"无有"与下文的"其次曰始无有""以无有为首"一贯，思理、辞气和语脉无隔断滞涩处，应该是某种完整的思考和写作过程的产物。与《齐物论》和《大宗师》当中的思想相比，最显著的不同是其中关于时间（"宙"）和空间（"宇"）的哲学阐释。从整段的思想展开看，对时间和空间的哲学探索是理解有无和生死的枢纽，但论述的重心却并不在此。如果是后世学庄者试图在《齐物论》和《大宗师》的基础上展开对时间和空间的讨论，其关注点就不应该是有无、生死和"移是"的问题。一个文本的核心思想和关注重心与其他文本相同，而其思理展开的关键环节又有其他文本所没有的重要概念和阐发，这应该是该文本出现得更早的特征，而不应作相反的理解。换言之，《庚桑楚》篇"宇泰定者，发乎天光"一节应该是《齐物论》《大宗师》还远未成形时的某个过渡性的草稿。这一节完成之前，《逍遥游》首章的故事应该已经写出了，但无法确定是否就是传世本的形态。至于何以在更成熟的《齐物论》《大宗师》里反而没有了关于时间和空间的思考，最大的可能是庄子有了关于有无、生死的更根本的理解。

通过上面三则对《庄子》草稿残篇的分析，我们可以得出这样的结论：《庄子》内七篇并不是在短时间内一次性完成的，在最终的定稿前应该有很长时间的尝试性思考和写作。这些草稿形态的文本大都散佚了，只有个别片断被收入到外、杂篇中。这反过来也向我们表明：《庄子》内篇无论在写作还是编纂上都经过了审慎周详的考虑。

《庄子》内七篇的完整性可以从概念和主题的一致性和连贯性得到印证。《逍遥游》首章"若乎乘天地之正，而御六气之辩，以游无穷者，彼且恶乎待哉"①，其中的三个动词"乘""御""游"贯穿《庄子》内篇始终：《逍遥游》"肩吾问于连叔"章的"**乘**云气，**御**飞龙，而**游**乎四海之外"②，《齐物论》"齧缺问乎王倪"章的"**乘**云气，**骑**日月，而**游**乎四海之外"③，《应帝王》"天根游于殷阳"章的"则又**乘**夫莽眇之鸟，以出六极之外，而**游**无何有之乡"④。《养生主》"老聃死"章的"古者谓是帝之悬解"与《德充符》"鲁有兀者叔山无趾"章的"解其桎梏"，都与老聃有关。而《大宗师》"子祀、子舆、子犁、子来"章的"此古之所谓悬解也"，则提示出庄子与老子的思想关联。《大宗师》"齧缺问乎王倪"章的对话主题，在《应帝王》里被概括为"齧缺问于王倪，四问而四不知"。⑤

内七篇中相对独立的各章之间的关联，也有精心安排的痕

---

① 《庄子纂笺》，第4页。
② 《庄子纂笺》，第4—5页。
③ 《庄子纂笺》，第20页。
④ 《庄子纂笺》，第64页。
⑤ 《庄子纂笺》，第63页。

迹。比如，《德充符》"鲁有兀者叔山无趾"章中的孔子说到了"而况全德之人乎"，接下来的"鲁哀公问于仲尼"章里孔子也讲"而况全德之人乎"，两处所讲的"全德之人"虽皆出于孔子之口，但内涵却是完全相反的。而"全德之人"正是篇题"德充符"的题旨所在。又，《应帝王》"阳子居见老聃"章结尾讲"明王""立乎不测，而游于无有者也"，接下来的"郑有神巫曰季咸"章就具体地呈示出何谓"立乎不测，而游于无有"。

《庄子》内七篇各篇标题与篇中内容关联密切，而且篇题的关键词大都直接出现在各篇的叙说中：《逍遥游》的"游"字出现在首章结尾，"逍遥"二字见于末章；《养生主》的"养生"二字见第二章；《人间世》的"世"字在末尾的"孔子适楚"章；《德充符》篇中虽无明确的"德充"的字样，但其第三章、第四章论及"全德之人"，亦与篇题相照应；《大宗师》"意而子见许由"章有"吾师乎！吾师乎！𩐢万物而不为义，泽及万世而不为仁，长于上古而不为老，覆载天地、刻雕众形而不为巧"[①]一段，暗含了"大宗即师"的题义；《应帝王》篇的关注重心虽然并不全在于治理，但其首章的"有虞氏"和"泰氏"皆古之帝王，第二、三、四章论圣人或明王之治，最后以"南海之帝""北海之帝"和"中央之帝"作结，内容与篇题之间完全呼应。内七

---

① 《庄子纂笺》，第60—61页。

篇中，只有《齐物论》的篇题没有直接出现于篇章之内，但从其中"劳神明为一，而不知其同也"之类的论述看，其思想宗旨在于论明"齐物"，是确定无疑的。

综合上面的文本考察，我们可以得出如下结论：其一，《庄子》内篇在成篇之前，是有探索性的思考和写作的，其间形成的草稿形态的文本片断有一部分还保留在《庄子》外、杂篇当中；其二，通过部分草稿残篇与传世本内七篇文本的对比，可以明显看出后者是修订后的作品，由此可以推知传世本《庄子》内七篇是在之前的各种草稿的基础上修订、结集而成的；其三，《庄子》内七篇主题和语词的连贯、篇题与内容的呼应，以及篇内各章刻意安排的痕迹，无不向我们表明这一作品的完成性和整体性。作为完成态经典的《庄子》内七篇，只有更为深入细致的文本解读才有可能引领我们窥见其思理的深蕴。

第二章　心与形

《庄子》内七篇的结构安排与庄子哲学的逻辑展开之间有着密切的关联。为了更清晰地呈显出庄子哲学的内在理路，我们还是选择从思辨的确定基础出发，以问题和概念的推演作为阐释的线索。

一、从"吾丧我"到"天籁"

《齐物论》首章的"吾丧我"和"天籁"历来为注释者和研究者所重。然而，过往的研究在解说庄子的观念时大都失之草率，缺少对文本细节的耐心细致的考察。以"吾丧我"的解释为例。郭象注曰："吾丧我，我自忘矣；我自忘矣，天下有何物足识哉！故都忘外内，然后超然俱得。"[1] 王夫之释曰："夫

---

[1] 《庄子集释》，第45页。

论生于有偶：见彼之与我异，而若仇敌之在前，不相下而必应之。而有偶生于有我：我之知见立于此，而此以外皆彼也，彼可与我为偶矣。赅物之论，而知其所自生，不出于环中而特分其一隅，则物无非我，而我不足以立。物无非我者，唯天为然。我无非天，而谁与我为偶哉？故我丧而偶丧，偶丧而我丧，无则俱无，不齐者皆齐也。"①在郭象注里，"吾丧我"指向的是"冥物"；②而王夫之则将其理解为齐物的环节。③这样的理解方向自有其高致，但忽略了太多文本和观念展开的环节。对于《齐物论》首章，首先应该注意到的是何以会从"吾丧我"引出"天籁"的观念来：

> 南郭子綦隐机而坐，仰天而嘘，荅焉似丧其耦。颜成子游立侍乎前，曰："何居乎？形固可使如槁木，而心固可使如死灰乎？今之隐机者，非昔之隐机者也。"子綦曰："偃，不亦善乎，而问之也！今者吾丧我，女知之乎？女闻人籁而未闻地籁，女闻地籁而未闻天籁夫！"④

---

① 《老子衍·庄子通·庄子解》，第85页。
② 参见拙著：《郭象〈庄子注〉研究》，北京：北京大学出版社，2010年2月，第146—147页。
③ 参见陈少明：《"吾丧我"：一种古典的自我观念》，《哲学研究》，2014年第8期，第43页。
④ 《庄子纂笺》，第9页。

颜成子游见南郭子綦"荅焉似丧其耦",而起"形固可使如槁木,而心固可使如死灰乎"之问。这一发问中首先要注意的是两个"可使"。在颜成子游看来,南郭子綦的"荅焉似丧其耦"是自觉的、有目的的追求的结果。其次是子綦的"似丧其耦"被子游理解为形若槁木、心若死灰,也就是说这里的"耦"不是身心之偶对。① 子綦以"丧我"对子游之问,其所言之"我"指的是身心的整体。在子游看来,子綦之身心整体仿佛失去了偶对,因此有槁木、死灰之状。子綦的回答肯定了子游的理解。"丧我"与"丧耦"的思想指向是一致的,但侧重点不同:"我"之偶即是非我,"丧我"则非我亦丧。王夫之说"我丧而偶丧,偶丧而我丧,无则俱无",是实有所见的,然而,我与非我之间的偶对的复杂层次和环节,却远远不是"不齐者皆齐"一句所能轻易略过的。我与非我俱丧,则何者尚存?我与非我的偶对之丧,意味着这一根本的分别回复到了无差别的同一状态。此种无差别的同一状态不可能是全然惰性和消极的。因为如果"丧耦"之后的无差别状态是全然惰性的,那也就不会有回归为积极状态的可能。既然子綦能回应子游的提问,也就意味着当"丧

---

① 钱穆、王叔岷此处的注释都引用了司马彪注:"耦,身也。身与神为耦。"参见《庄子纂笺》,第9页;《庄子校诠》,第41页。然而《庄子》本文明言身若槁木、心若死灰,是身、心一致,俱失其偶对之意。若以身为"耦",则子綦所说的"丧我"仅是忽忘此身,于文本既不合,义理所造亦浅。

我"之时,也有某种非惰性的东西存在。

关于"吾丧我",解者众多。在"吾"和"我"的用法上作强调性的区分,是一种颇具影响的意见,比如,陈少明教授就认为:"'吾'是一般的自我称谓,故它常作为主语使用;'我'则相对于与非我关联时的自称,如今天沿用的你我、人我甚至物我等说法,它可以用作宾语,也可以用为主语。吾、我之分,就如金星与启明星指称同一天体对象,但两者含义不同一样。"[①]这里对"吾"和"我"的用法的分析是合理的,由此而来的对"吾丧我"的理解也颇具启发。当然,我们在做这样的分析时不应忘掉基本的语境:南郭子綦说到"吾丧我"时,是一个有清晰自我意识的言说者。所以,这里的"吾"无论如何都是在分别和对待当中的。子綦是在讲述片刻前"丧我"的经验,"吾"更多的是对这一经验的个体性的强调。这种个体性也进一步凸显出我与非我失其对待的无分别状态中的某种非惰性倾向。之所以只能称之为非惰性的,是因为其中并没有自觉的和有目的的东西。而这正是由"吾丧我"引出"天籁"的关键。

子游的发问中的两个"可使",是出于对南郭子綦所以能"苔

[①] 陈少明:《"吾丧我":一种古典的自我观念》,《哲学研究》,2014年第8期,第45页。

焉似丧其耦"的疑惑。子游想弄明白这是否是子綦有意追求而来的。正是这一疑惑，引出了子綦关于"天籁"的议论。"天籁"的提出就是为了不让子游误以为形若槁木、心若死灰是子綦主动"使"之的结果。而文本的核心则围绕"地籁"展开：

> 夫大块噫气，其名为风。是唯无作，作则万窍怒呺。而独不闻之翏翏乎？山林之畏佳，大木百围之窍穴，似鼻，似口，似耳；似枅，似圈，似臼；似洼者，似污者。激者，謞者，叱者，吸者，叫者，譹者，宎者，咬者。前者唱于，而随者唱喁。泠风则小和，飘风则大和。厉风济，则众窍为虚。而独不见之调调、之刁刁乎？①

庄子笔下的风声，竟似比自然本身还要丰富。众窍不同，成此万殊之声。其中的种种差异并不是风造成的：风只是无分别地吹过，众窍自身的形态是产生殊异的根由。然而，我们不能因此以为众窍之声与风无关。"泠风则小和，飘风则大和。厉风济，则众窍为虚"，众窍之声的小大、有无取决于风的强度。个殊的众窍形态能决定发出什么样的声音（或不能发出什么样的声音），但所发声音的高低、大小，以及更根本的，发声或是不

---

① 《庄子纂笺》，第9—10页。

发声，则不是能够自主决定的。当"厉风"息止，则众声皆泯，一切殊异之声都复归为无差别的同一。虽然具体的差异总跟个殊之体有关，但差异的产生和消泯却是被动的。子綦的"丧我"在根本上也是被动的，并非有意为之。庄子之所以围绕"地籁"展开，即在于众窍之声的差异以及众窍之声的产生和消泯既可以拟况自我的差异、自我与非我之偶对的确立和丧失，又可以仿佛万物与"天籁"的关联。

正如我们在第一章讨论过的那样，南郭子綦在庄子世界的人物谱系中最多只是闻道者或知道者，并不是已经达到了至德之境的人。在与女偊的对话（《大宗师》）中，南伯子葵（即南郭子綦）更被明确指出"子非其人也"，也就是说是"无圣人之才"的。"丧我"的个体经验被带回到思想和文字的世界，引出了关于"天籁"的思考和追问：

夫吹万不同，而使其自己也。咸其自取，怒者其谁邪？[①]

既以"籁"声为喻，故将万物之情态理解为"吹奏"而成的结果。与人之于"比竹"、风之于"众窍"不同，"吹奏"万物的

---

① 《庄子纂笺》，第10页。

"使"万物"自己"。①这个"使"字与子游发问中的两个"可使"相呼应。然而,子游的"可使"的主语是子綦自己,而子綦的"使"却是没有确定主体的。一方面,万物之情状都是"自取"的,并不能像"众窍"和"比竹"之声那样找到一个鼓动的主体;另一方面,万物又不是完全意义上主动的,它们的"自己"是某种"使之"的结果。子綦从"丧我"的经验中把握到了其根本的被动性,因此产生出"怒者其谁邪"的哲学追问。郭象注由此而发"莫适为天,谁主役物乎"的"造物无物"的思想,是毫不犹豫地将问题当成了答案。尽管如此,他还是看到了其中主动、被动关系的复杂性:"自己而然,则谓之天然。天然耳,非为也,故以天言之。"②个体性的"自"既是主动的,又在根本上是被动的。接下来庄子关于心的大段论述,正是由与此相关的思考和追问引发的。

二、心、形、知、言等概念的提出

南郭子綦论"天籁"以下,《齐物论》开始了内七篇中最

---

① 司马彪注曰:"吹万,言天气吹煦,生养万物,形气不同也。已,止也。使物各得其性而止也。"郭象注则曰:"自己而然,则谓之天然。"王叔岷认为:"'自己'当从南宋蜀本作'自己',郭注'自己而然',是也。"《庄子校诠》,第48页。

② 《庄子集释》,第50页。

长的一段论述。这段论述内容丰赡广博,是理解庄子哲学的枢纽。由于前后文本的侧重点不同,所以在解读时应该通过具体的分章来区分论述的节次。第一部分的划分是有分歧的。郭庆藩《庄子集释》、钱穆《庄子纂笺》、钟泰《庄子发微》大体上是以"大知闲闲,小知间间"到"虽有神禹,且不能知,吾独且奈何哉"为一节,而王夫之《庄子解》、王叔岷《庄子校诠》则大致上取"大知闲闲,小知间间"至"其我独芒,而人亦有不芒者乎"作为一个单独的层次。① "夫随其成心而师之"以下,显然跟后面的"故有儒、墨之是非"有关,应该划分到下一个部分。因此,王夫之、王叔岷此处的分章更合理。

这一节的文字节奏与前一章对众窍之声的描述一致,这种连贯性提示出两者之间的关联。"知""言""心""形"等概念杂沓而出,重点则落在心的种种情态和要素的呈显:

> 大知闲闲,小知间间;大言炎炎,小言詹詹。其寐也魂交,其觉也形开,与接为构,日以心斗。缦者,窖者,密者。小恐惴惴,大恐缦缦。其发若机栝,其司是非之谓也;其留如诅盟,其守胜之谓也;其杀如秋冬,以言其日

---

① 其间复有更细的分划,诸家亦各不相同。但从思想和文脉的连贯性看,这一部分应该作为一个整体来理解和讨论。

消也;其溺之所为之不可使复之也;其厌也如缄,以言其老洫也;近死之心,莫使复阳也。喜、怒、哀、乐,虑、叹、变、慹、姚、佚、启、态,乐出虚,蒸成菌。日夜相代乎前,而莫知其所萌。已乎,已乎!旦暮得此,其所由以生乎!①

首先提出"大知"与"小知"、"大言"与"小言"的分别,提示出此节与《逍遥游》首章的主题的连续性。此下所论,皆围绕"小知""小言"展开。知与言都跟心有关,由此引出关于心的种种论述。"其寐也魂交,其觉也形开"强调以知与言为内容的"心斗"是贯通觉梦的。"间间"之知,"詹詹"之言,无时不在伺察、交接当中。诲莫如深的提防,密藏深隐。与封闭、提防相伴随的是各种形态的恐惧。"心斗"和恐惧指向自我界限的强化和封闭,这一没有确定性的自我边界却往往被执以为实。接下来一连串以"其"字开头的句子中,开始有了某种主动的意味。这里的"其"所指代的应该就是前面论及的知与言以及由闭藏的倾向而来的并不确定的自我边界意识。与此前由来不明的知与言等的明显的被动性不同,一旦有了封闭的自我意识——甭管这种意识有多薄弱,某种有决定意味的主动性就

---

① 《庄子纂笺》,第10—11页。

随之产生了。有了自我边界的知与言围绕各种层面的是非,仿如"机栝"之发。成《疏》曰:"机,弩牙也。栝,箭栝也。司,主也。言发心逐境,速如箭栝;役情拒害,猛若弩牙。唯主意是非,更无他谓也。"①弩牙、箭栝由人来发动,但一经发动,则动不由人。专主于是非的知与言也是如此。"其留"与前一句"其发"相对。知、言之发皆有留藏的部分,匿藏之深,有如"诅盟",而其措意实在于胜负之争。以知与言为内容的是非胜负都出于由闭藏的倾向而来的自我边界,从而在根底里是一种衰杀之气,故曰"如秋冬"。人们沉溺于其中,无法复归本原。衰杀沉溺的"近死之心",没有什么可以使之"复阳"。这里的"复阳",与前句中的"秋冬""日消"相对,提点出"复之"的方向:原本的某种积极活跃的能动性。"喜、怒、哀、乐"等种种闭藏在内的心绪、筹划、情态,如音乐出于空虚,菌株成于蒸湿。这些似乎在心灵封界内的变化,其实并不知道从何而来。这些不知所由来的"日夜相代乎前"的情态,同时也成了人无可如何的。"已乎,已乎!"一句,钟泰以为"正承上'使其自已'之文"②,恐有过度深求之病。这里的两个"已乎",应该是收束一段议论的结末语辞,以之引出"旦暮得此,其所

---

① 《庄子集释》,第53页。
② 《庄子发微》,第33页。

由以生乎"的结论。"旦暮"① 所得的"此",大概是以上种种心之情态的来由吧。这里的"此",正关联起下一节中的"彼"和"我"。有了这个"此",才有种种围绕"此"的知与言,以及与之相联的不知所由来的心绪和情态。但这个"此"又是从何而来的呢?

接下来一节承上文"旦暮得此,其所由以生乎"一句,引出"彼""我"关系的讨论:

> 非彼无我,非我无所取。是亦近矣,而不知其所为使。若有真宰,而特不得其眹。可行已信,而不见其形。有情而无形。②

心的种种情态都围绕前面提到的"此"展开,而"此"又是与"彼"相对而有的。这个"彼"究竟是什么,尚不可知,还停留在纯粹抽象的层面上。通过"非彼无我"一句,将前一句的"此"与主体性的"我"关联起来。通过前述种种心之情态呈显出来的"此",不是全然空洞的,而是确定无疑有其主动性的。这一主动的"此"或"我"又不是自主选择而来的。"非彼无我,非

---

① 王叔岷注曰:"旦暮,言极短之时,喻偶然间也。"《庄子校诠》,第52页。
② 《庄子纂笺》,第11—12页。

我无所取",凸显出"彼""我"之间关系的复杂性。我们只能知道"彼""我"并生,却并不知道何者在先。"非我无所取"的"取"字,提点出与前一章"咸其自取,怒者其谁邪"的关联。南郭子綦藉"丧我"和"天籁"提出的根本问题,开始进入到更深入的思考和追问当中。然而,仅仅知道"彼""我"的并生,只是"近矣",问题在于"不知其所为使"。这里的"使"也是前一章关键概念的延续:"夫吹万不同,而使其自己也"。"彼""我"之同时并起,不知为何者所"使"。在最抽象的并置中,"彼"与"我"在相互包含和相互限定中呈显出整体上的被动性,这一整体的被动性提示出更根本的主动者的存在。严复说:"'彼'、'我',对待之名;'真宰',则绝对者也。"① 然而作为绝对者的"真宰"无朕迹可寻,所以只能说"若有"。在同时并起的"彼""我"对置中,"真宰"之"所行"② 又是信实无疑的。在这里,庄子没有流露出任何怀疑论和不可知论的调子,反而是充满确信的。当然,通往绝对者的道路的艰深也才刚刚展开。

---

① 《庄子纂笺》,第12页。
② 王叔岷注曰:"吴汝纶《点勘》云:'"可行,"所行也。郑注《中庸》"体物而不可遗"云:"可犹所也。"钱穆《纂笺》:陈寿昌曰:"情,实也。"《大宗师》曰:"夫道有情有信,无为无形。"'案信与情相应,并真实义。'可行已信,而不见其形',亦即'有情而无形'之意。所谓两句并列而实一意之比也。"《庄子校诠》,第53页。

前一节中的"彼"完全是空洞和抽象的，随着接下来身体的引入，开始变得具体和丰富。在庄子哲学里，身体作为各种关系的承载者，有着多重复杂的哲学蕴义。就这一节的脉络而言，形是作为最切近的"彼"出现的。如果说心偏向"我"的一面，形就是与心相对的"彼"：

> 百骸、九窍、六藏，赅而存焉，吾谁与为亲？汝皆说之乎？其有私焉？如是皆有为臣妾乎？其臣妾不足以相治乎？其递相为君臣乎？其有真君存焉！如求得其情与不得，无益损乎其真。一受其成形，不亡以待尽。与物相刃相靡，其行尽如驰，而莫之能止，不亦悲乎！终身役役，而不见其成功，苶然疲役，而不知其所归，可不哀邪！人谓之不死，奚益！其形化，其心与之然，可不谓大哀乎？人之生也，固若是芒乎？其我独芒，而人亦有不芒者乎？①

身体的各个部分，一般情况下人是无所偏主的，皆视之为一体。"百骸、九窍、六藏"之存续与运转并不由我们的偏好左右。比如，骨骼、肌肉不会因为我们的关注而确保强壮和健康。身体的各种器官和组织并不由自我意识自觉支配，却能有秩序、

---

① 《庄子纂笺》，第12页。此处根据上下文义对标点符号做了个别的调整。

有规律地运转。显然不能认为"我"是"百骸、九窍、六藏"的君主。那么,何者为主呢?或者,所有的官能都处于"臣妾"的地位?既然都属于"臣妾",合理的秩序是如何建立起来的呢?难道各官能间彼此互为君臣?通过一连串排除性的设问,庄子得出了一个明确的论断:"其有真君存焉。"王夫之认为"如是皆有为臣妾乎"以下,"四句皆疑词。疑其有真君,非果有也。按此与《楞严》七处征心相似"①。钟泰则持相反的意见:"臣妾无上下之分,势不足以相治,将谓其迭为君臣乎,又理势之所不能有,于是始断之曰'其有真君存焉'。"② 根据下文"如求得其情与不得,无益损乎其真",则庄子以为无论是否能探求到"真君"的情实,对于"真君"之"真"都没有丝毫的影响。换言之,庄子并不怀疑"真君"的存在。"真君"或"真宰"既然不因"求得其情与不得"而有损益,也就是自在的和独立的。自在的、独立的"真君"的存在一方面通过作为心灵最切近的"彼"的身体官能不由自主的有序运转得到证实,另一方面又体现在身体的存续不由人掌控这件事上。"一受其成形,不亡以待尽",形的自持和运转都有不受人的自觉意识左右的部分。形与物相磨相伤,速若驰传,没有任何东西能够阻止。一旦形体耗

---

① 《老子衍·庄子通·庄子解》,第88页。
② 《庄子发微》,第34页。

尽，心也随之消亡。在这人生的大哀之境面前，庄子生发出的是哲学上的根本追问："人之生也，固若是芒乎？"对于如此切近的经验，竟是如此的茫无所知。问题的关键在于：何以"其形化，其心与之然"？在这一节涉及身心关系问题的讨论里，身与心协和的一面并非关注的重点。在庄子那里，心显然不是身体的官能。因为如果心是身体的官能之一，如消化作用之于作为消化器官的脾胃，那么，形体消尽之时心随之而亡是理所当然的。前面论及在知、言和种种情态中不能自拔的心灵时，庄子只是说"近死之心，莫使复阳也"。在"与接为构，日以心斗"中没有磨灭的心灵，何以会随异质性的身体而消亡呢？在庄子那里，心与身的异质性是非常明显的：心既不是身体的官能，也不是身体的宰制者。身体自有"真君存焉"，而且心知并不必然能了解其"真君"的情实。由此可知，心灵与"真君"并不是直接同一的。而作为身体的主宰者的"真君"，也就是上一节谈论的"真宰"。心灵对"有情而无形"的"真宰"的知解不是感官经验的产物，而是从心灵的概念里推演出来的。这说明心灵当中至少是有"真宰"的印迹的。

在理解和探寻古代哲学家思想的时候，应时时留意不要落入近代以来形成的科学世界观的笼罩性影响所造成的各种"历史错位"当中。庄子在思考心、形关系的问题时，不可能有将心灵视为大脑的物质结构功能的观念。庄子的哲学思考是以日常经验的反思和概念的思辨为基础展开的。在庄子那里，心灵和身体至少是相对独立的。首先，与心灵不能宰制身体一样，身体同样不能决定人的心灵。这一点可以在《德充符》《大宗师》里面各种闻道者和知道者对身心关系的理解中得到印证。子舆并没有因身体的畸变而生好恶之情；叔山无趾虽丧其足，却能不忘自己"犹有尊足者存"。其次，身心之间可以相互作用和影响，但二者之间的作用不是必然的。换言之，心与形不是互为条件的。因为如果心与形之间是互为条件的关系，如阴阳、大小、彼此、同异等等，那么，它们之间的关联就是必然的、无条件的。进一步需要思考的问题是：为什么外在于心灵的身体与心灵之间不构成互为条件的关联？难道二者之间不是此和彼的关系吗？"非彼无我，非我无所取"这样的概念结构何以不能作为理解和把握身心关系的模型？原因有二：其一，在庄子那里，心灵并不就是"此"。心灵当中已经有种种"彼"的要素和痕迹；其二，身体只是"彼"的部分，而远非"彼"的整体。"此"与"彼"的同时并起、互为条件是整体意义上的。

与一切做作的怀疑论不同，庄子的质疑源自对根由的彻底的、无囿限的追索。对于日常经验，庄子所持的并不是怀疑的态度，其问题指向在于这些经验的哲学实质和根据。身体作为心灵的最切近的他者，其存在本身并没有受到质疑。在庄子那里，关键的问题是如何在哲学上理解身体以及身体上面承载的各种关系。在某种意义上，身或形是从主体出发的哲学思考遇到的第一个显见的、有确定性的"彼"，是通向客体的道路上无法绕过的环节。

三、限定者

庄子在《齐物论》"罔两问景"章中构造的对话关系耐人寻味：为何要去虚构出一个罔两与影的对话，而不是更容易理解和想象的影与形的问答？关于"罔两"，并没有确切的解释。《经典释文》曰："罔两，郭云：'景外之微阴也。'向云：'景之景也。'"① 就庄子的本义而言，未详孰是，然而在将其解释为比影更微弱的、在日常经验里依附于影的东西这一点上，二者是一致的。对于影的回答中的"吾待蛇蚹蜩翼邪"，钱穆引用高亨《庄子今笺》中的论断，以为其中的"待"字是衍文。② 王叔岷则以为："据《寓言篇》'似之而非也。'则此文待疑本作似，涉上文诸待字而误耳。"③ 我们在前面的讨论中曾指出《寓言》篇"众罔两问于景曰"一章应该是《齐物论》此章的草稿。值得注

---

① 《庄子校诠》，第93页。
② "高亨曰：'待'字疑涉上文而衍。寓言篇：'予，蜩甲也？蛇蜕也？似之而非也。'即其证。"《庄子纂笺》，第23页。
③ 《庄子校诠》，第95页。

意的是，虽然在对话关系、基本语词、核心概念和思想内涵等方面两者都基本一致，但其中还是有重要的差别:《寓言》篇"众罔两问于景曰"中影所待的是"火与日"，而《齐物论》此章则以形为影的所待者。因此，"吾待蛇蚹蜩翼邪"中"待"字应该既非衍文，也非误字。此处的"蛇蚹""蜩翼"，即是成《疏》所说的"蛇蜕""蜩甲"。作为影的所待者的形在此被喻为"蛇蜕""蜩甲"，不仅凸显出其被动性，也暗示形是可以被超越的。钟泰说："所待谓形，形之所待，则神也。"① 这一论断虽不无草率之嫌，但理解的方向却是正确的。通过罔两与影的对话，可以引入作为影的所待者的、在日常经验中更为具体的形，从而凸显出在关于待与所待的关系问题的思考和讨论当中形的重要位置。

形在庄子的思考中占据着非常重要的位置。《逍遥游》中由鲲、鹏与蜩、学鸠、斥鴳引出的小大之辨的问题，就是以形为核心要素来展开的。《齐物论》中"其寐也魂交，其觉也形开"，则觉与梦的限界也在于形。《养生主》里庖丁解牛要面对的是牛的"天理"和"固然"以及"难为"的"族"，着眼所在还是形。

作为限定者的形，当然有被超越的可能。《庄子》内篇里的至德者和闻道者大都以不同的方式达到了对形的超越，或者

---

① 《庄子发微》，第62页。

至少获得了某种超越形的经验。沉默的兀者王骀和"以恶骇天下"的哀骀它完全没有对形的关切，是真正超越了形的囿限的至德者。南郭子綦和颜回真正达到了忘形的经验，尽管只是短暂的。至于子祀、子舆、子犁、子来这一层次的闻道者，则只是于道理实有所见而能不随形的变化而喜怒不定的人，所谓"不以好恶内伤其身"者。① 即使对于真正超越了形的囿限的至德者，形作为超越的对象和超越者的载体，仍然内涵在超越者的生存的整体当中。

形作为人的生存的最直接的确定的限定者，是最基础的**客体**。《大宗师》"子祀、子舆、子犁、子来四人相与语"章载：

> 俄而子舆有病，子祀往问之，曰："伟哉！夫造物者，将以予为此拘拘也！"曲偻发背，上有五管，颐隐于齐，肩高于顶，句赘指天，阴阳之气有沴。其心闲而无事，跰𨇤而鉴于井，曰："嗟乎！夫造物者，又将以予为此拘拘也！"子祀曰："女恶之乎？"曰："亡，予何恶！浸假而化予之左臂以为鸡，予因以求时夜；浸假而化予之右臂以为弹，予因以求鸮炙；浸假而化予之尻以为轮，以神为马，予因而乘之，岂更驾哉！且夫得者，时也；失者，顺也。安时

---

① 《庄子纂笺》，第47页。

而处顺，哀乐不能入也。此古之所谓悬解也。而不能自解者，物有结之。且夫物不胜天，久矣，吾又何恶焉？"①

形的变化是人"不可奈何"的。而"不可奈何"正是客体的本质内涵。当然，"不可奈何"的具体哲学涵义还有待进一步地阐说。值得注意的是，"安时而处顺"并不是一个单纯的被动的态度。若化左臂为鸡，则以之司晨；若化右臂为弹，则以之弹雀，皆发挥其形态与机能固有的作用。

感觉经验的不确定性是证明客体真实存在的显见的障碍。然而，这已经预设了这样的前提：真实存在的必须是确定的。而所谓确定的，只能是不变动的。但是感官本身和感官获得的经验都在持续不断的变化当中，于是就只能去虚构一个超越感官经验的不变动者。由此产生了一系列相关联的问题：一、超越感官经验的不变动者与感官经验中变动着的存有之间的关系；二、如何获得关于超越感官经验的不变动者的真知；三、感官经验中的存有、客体与真实存在的关系。然而，我们为什么要假定变动着的东西就是不真实的呢？不确定的和不是真实存在的之间有什么必然的关联吗？我们为什么不能将感官及其经验中的存有的"不可奈何"的不确定性视为客体的本质和真

---

① 《庄子纂笺》，第56页。引文标点略有修订。

实存在的内涵呢？换言之，所谓存在的真实性根本就是别的问题。在通往真知的道路上，庄子获得的第一个确定的知识就是无处不在的"不可奈何"。然而，仅仅停留在抽象的"不可奈何"的层面，将无法看到其中的哲学蕴义的丰富和深刻。

四、承载者

在庄子哲学里，身体又是个体的整个生存境域的承载者。《逍遥游》"九万里则风斯在下"的鹏与"决起而飞"的蜩、学鸠的生存境域的展开，都是以形为核心的。围绕身或形敞开的生存境域中的种种具体的不得已，承载在身、形之上。《齐物论》"啮缺问乎王倪"章：

> 且吾尝试问乎女：民湿寝，则腰疾偏死，鳅然乎哉？木处，是惴慄恂惧，猨猴然乎哉？三者孰知正处？民食刍豢，麋鹿食荐，蝍且甘带，鸱鸦耆鼠，四者孰知正味？猨，猵狙以为雌，麋与鹿交，鳅与鱼游。毛嫱、丽姬，人之所美也；鱼见之深入，鸟见之高飞，麋鹿见之决骤。[1]

---

[1] 《庄子纂笺》，第20页。

殊类万物，其常居处、所食、所美皆依于身、形。身、形是种种区分、辨识的根据和基础。万类各有其趣向，就各欲其所欲而言，是有其主动的一面的；而就趣向为身、形的结构和体量所限而言，又有其无可如何的不得已。在这个意义上，身、形既是欲与所欲的限定者，也是具体的承载者。这里，我们可以将限定者和承载者理解为物质性的哲学内涵。

身、形是在世的种种物的关系的承载者。《人间世》载：

> 南伯子綦游乎商之丘，见大木焉，有异。结驷千乘，隐将芘其所藾。子綦曰："此何木也哉？此必有异材夫！"仰而视其细枝，则拳曲而不可以为栋梁；俯而视其大根，则轴解而不可以为棺椁；咶其叶，则口烂而为伤；嗅之，则使人狂酲三日而不已。子綦曰："此果不材之木也，以至于此其大也。嗟乎！神人以此不材！宋有荆氏者，宜楸、柏、桑。其拱把而上者，求狙猴之杙者斩之；三围四围，求高名之丽者斩之；七围八围，贵人富商之家，求禅傍者斩之。故未终其天年，而中道夭于斧斤，此材之患也。"①

---

① 《庄子纂笺》，第37—38页。

《庄子》内篇中的物都是在用的关联的整体当中的。这里，关于用的哲学思考不是我们关注的重点，我们着眼的是身、形与在用之中的物的关联。身、形不是静态的、现成的，而是在种种潜在或现实的用的可能性当中展开的。楸、柏、桑等"文木"，皆在可能的用的关联中，是在用之中的物的关系的承载者。"结驷千乘"的"大木"因其"不材"而获得的独有的在世样态中，用的关系的退场使某种更本真的物的关联被揭示出来：以自身为目的的自我承载者。当然，这种以自身为目的的自我承载并不能从根本上超越无可如何的不得已。

人间世的种种政治和伦理的规范，也承载在身、形之上。并不是每个人都能像哀骀它那样"去寡人而行"的（《德充符》）。《人间世》里的叶公子高就在不可逃的世网当中，对于他的两难处境，孔子给出了这样的忠告：

> 天下有大戒二：其一，命也；其一，义也。子之爱亲，命也，不可解于心；臣之事君，义也，无适而非君也，无所逃于天地之间。是之谓大戒。是以夫事其亲者，不择地而安之，孝之至也；夫事其君者，不择事而安之，忠之盛也；自事其心者，哀乐不易施乎前，知其不可奈何而安之若命，德之至也。为人臣、子者，固有所不得已。

行事之情，而忘其身，何暇至于悦生而恶死！①

以为可见可感的物是最确定的，是生活经验中常见的错觉之一。事实上，伦理和社会秩序是比具体可感的物确定得多的。对于每一个特定的时代，器物层面的变化总是比伦理和社会关系的变化快得多。人的在世生活当中，总有其伦理和社会层面的不得已，这些不得已也同样承载在身、形之上。

以上承载在身、形之上的种种不得已，虽也是无可奈何的，但其来所自总是可以索解的。然而，更根本的不得已是不知其所以然而然的。种种不知其所由来的不得已承载在身、形之上，呈显出更根本也更实在的客体的命运性的强度。上引《人间世》"叶公子高"章中谈到的"天下之大戒"，虽然也是人无可奈何的，但遵从与否也还有选择的余地，所以孔子的忠告是"安之若命"。与此不同，《大宗师》"子祀、子舆、子犁、子来"章中子舆因病而生的种种身、形的畸变，则在根本上是无可选择的，所以子舆以"安时而处顺"应之。"命运般的"与"命运性的"是有着质的不同的。《大宗师》论曰：

死生，命也；其有夜旦之常，天也。人之有所不得

---

① 《庄子纂笺》，第33—34页。

与,皆物之情也。①

当然,庄子哲学中的"命"的哲学涵义仍有待更具体的彰显和阐发。

在庄子那里,身、形是心与世界的中介。当我们这样讲的时候,心与世界之间似乎是隔断的。这当然不是庄子哲学的根本洞见,只是我们展开庄子的思理脉络的过程中不得不经过的阐发和论述的环节。

---

① 《庄子纂笺》,第52页。

第三章　小大之辨与逍遥

前面心与形的讨论使得我们对庄子哲学的阐发有了一个明确的立足点，以此为基础，我们可以进一步深入《庄子》文本和思理脉络的展开。作为《庄子》内篇的开篇，《逍遥游》可以被视为作为一个整体的内七篇的总纲，其中不仅有哲学问题的引入和基本视野的敞开，此后各篇的核心概念、思想主题也或隐或显地出现在文本的细节当中。除非我们认为《庄子》内篇的先后顺序并非精心安排的结果，否则《逍遥游》何以要置于篇首就是一个值得思考的问题。与此相关联，"逍遥"是庄子哲学指向的理想的生存样式吗？如果"逍遥"是庄子哲学的目标，何以内七篇要收结于《应帝王》呢？

一、《逍遥游》与其他各篇的关联

将《逍遥游》置于篇首，应该是出于哲学问题、基本视野及核心概念引入的需要，而在此过程中，由于概念的连贯和视野的交织，也自然地将其他各篇的思考线索涵摄进来。《逍遥游》全篇只有七章①，而且除第一章外，其他都是短章，但思想蕴涵之丰富，竟似无法穷竭。《庄子》内七篇的次第与庄子哲学的展开之间的相关性，此前的注解者已多有讨论。比如，成玄英在《庄子序》中说：

> 所以《逍遥》建初者，言达道之士，智德明敏，所造皆适，遇物逍遥，故以逍遥命物。夫无待圣人，照机若镜，既明权实之二智，故能大齐于万境，故以《齐物》次之。既指马天地，混同庶物，心灵凝澹，可以摄卫养生，故以《养生主》次之。既善恶两忘，境智俱妙，随变任化，可以处涉人间，故以《人间世》次之。内德圆满，故能支离其德，外以接物，既而随物升降，内外冥契，故以《德充符》次之。止水流鉴，接物无心，忘德忘形，契外会内

---

① 关于《逍遥游》的分章，王夫之《庄子解》、钱穆《庄子纂笺》、王叔岷《庄子校诠》都将"宋人资章甫"与"尧治天下之民"两节并为一章，则全篇为六章。钟泰《庄子发微》则将"宋人资章甫"与"尧治天下之民"两节并入"肩吾问于连叔"一章，则是将《逍遥游》划为五章。这应该是受了郭象的影响。"宋人资章甫"一节谈论的是"用"的问题，与结尾"惠子谓庄子"两章的主题一致，而与肩吾、连叔的对话主题并无涉，应该不是连叔答语中的内容。而"宋人资章甫"与"尧治天下之民"两节主题明显不同，应该分作两章。

之极,可以匠成庶品,故以《大宗师》次之。古之真圣,知天知人,与造化同功,即寂即应,既而驱驭群品,故以《应帝王》次之。①

成《疏》序所论,自有其理解的系统,与庄子哲学的脉络并不完全契合,但在将内七篇视作一个思想展开的整体这一点上,是很有见地的。虽然内篇各篇着重的问题各自不同,但每一篇又都是完整自足的。在各自的具足当中,概念、思理以及人物形象的相互指涉,构成了篇章间的镜像关联。文本与思理的丰富层次,使得任何直线式的解读方式都不免陷入捕风捉影之谬。

虽然对小大之辨的思想内涵及宗旨一直有不同的理解,但以之为《逍遥游》的主题,却基本上是研究者的共识。《逍遥游》由鹏与蜩、学鸠的形象引入的小、大之间的对比,至少涉及知、年和待三个概念。在《逍遥游》最后一章惠施与庄子的对话中,小、大之间的对比又一次出现,只是这一次寓言的形象换成了"东西跳梁、不辟高下"的狸狌与"其大若垂天之云"的犛牛。这一小、大之间的对比涉及的是用的概念。"肩吾问于连叔"章关涉的是对至德之人的理解。"尧让天下于许由"章则凸显出庄子对治理天下的态度。这些概念和主题与《齐物论》《应

---

① 《庄子集释》,第7页。

帝王》等各篇的指涉关系是非常明显的。以《逍遥游》首章小大之辨中的知、年和待三个概念与《齐物论》的关联为例，"瞿鹊子问乎长梧子"章：

> 然则我与若、与人，俱不能相**知**也，而**待**彼也邪？化声之相**待**，若其不相**待**。和之以天倪，因之以曼衍，所以穷**年**也。何谓和之以天倪？曰：是不是，然不然。是若果是也，则是之异乎不是也亦无辩；然若果然也，则然之异乎不然也亦无辩。忘**年**、忘**义**，振于无竟，故寓诸无竟。①

这段话是长梧子对瞿鹊子的答语，是理解和把握《齐物论》全篇的思想的关键，其核心概念与《逍遥游》首章的关联是显见的。

除上述显见的关联外，还有一些隐蔽的联系，值得略加说明。《逍遥游》"肩吾问于连叔"章：

> 之人也，之德也，将旁礴万物以为一，世蕲乎乱，孰弊弊焉以天下为事！②

---

① 吕惠卿《庄子义》曰："'化声之相待，若其不相待，和之以天倪，因之以曼衍，所以穷年也'，其文当在'何谓和之以天倪'之上，简编差互，误次于此，观其意可知也。"《庄子义集校》，第51页。此处引文据吕说调整。《庄子纂笺》，第22页。

② 《庄子纂笺》，第5页。

《齐物论》"瞿鹊子问乎长梧子"章：

> 众人役役，圣人愚芚，参万岁而一成纯，万物尽然，而以是相蕴。①

二者都是对至德之境的阐述。其中，"旁礴万物以为一"与"参万岁而一成纯"的思想内涵和宗旨是完全一致的。《逍遥游》最后两章惠施与庄子的对话，都是围绕"用"这一概念展开的。其中"大树"这一喻象与《人间世》"匠石之齐"章和"南伯子綦游乎商之丘"章有明确的指涉关系。而"子独不见狸狌乎？卑身而伏，以候敖者。东西跳梁，不辟高下，中于机辟，死于罔罟"②一节，则是对《人间世》里种种用世的危险的映射。

在《庄子》内七篇，《逍遥游》的位置有点儿类似于总纲和绪言。当然，考虑到古今著述体例和形态的不同，这样的定性只能是一种比拟意义上的把握。内七篇之间复杂的镜像关系使得每一个概念和主题都在相互的映照关系中呈显出蕴意无限的丰富层次来。

---

① 《庄子纂笺》，第21页。
② 《庄子纂笺》，第6页。

二、小大之辨

《逍遥游》的核心是小大之辨,基本是历代学者的共识。然而,在庄子哲学里,小大之辨的思想宗旨究竟是什么,却存在极大的分歧。郭象《庄子注》以各适其性疏释小大之殊,从而将齐物之义与逍遥之旨统一起来:

> 夫质小者所资不待大,而质大者所用不得小矣。故理有至分,物有定极,各足称事,其济一也。若乃失乎忘生之〔生〕而营生于至当之外,事不任力,动不称情,则虽垂天之翼不能无穷,决起之飞不能无困矣。
>
> 苟足于其性,则虽大鹏无以自贵于小鸟,小鸟无羡于天池,而荣愿有余矣。故小大虽殊,逍遥一也。①

郭象注《庄》,"妙析奇致",虽不免有脱略文本之病,然超卓之思自在。钟泰说:"读《庄子》不可不通训诂,而泥于训诂,则不能以读《庄子》。"② 在某种意义上,对哲学经典的解读其实就是尝试与哲学家相遇的过程,没有足够的思的深度和强度,

---

① 《庄子集释》,第7、9页。
② 《庄子发微》,第3页。

哪怕字字都求得其原意，也终不免交臂而失之。小大之辨与齐物之旨有明确的观念上的指涉关系，应该是没有疑问的。但直接以齐物的思想理解小大之辨的问题，进而将《逍遥游》里的小大之辨落实到"小大虽殊，逍遥一也"的结论上，就不仅在观念的展开环节上出现了关键的缺失，而且在根本方向上错失了庄子哲学的深致。

郭象对小大之辨的理解影响深远，但东晋时已受到质疑。《世说新语·文学篇》载："《庄子·逍遥》篇，旧是难处，诸名贤所可钻味，而不能拔理于郭、向之外。支道林在白马寺中，将冯太常共语，因及《逍遥》。支卓然标新理于二家之表，立异义于众贤之外，皆是诸名贤寻味之所不得。后遂用支理。"[1]刘孝标《注》中引用了支遁的逍遥义，其文曰：

> 夫逍遥者，明至人之心也。庄生建言大道，而寄指鹏鹖。鹏以营生之路旷，故失适于体外；鹖以在近而笑远，有矜伐于心内。至人乘天正而高兴，游无穷于放浪。物物而不物于物，则遥然不我得；玄感不为，不疾而速，则逍然靡不适。此所以为逍遥也。若夫有欲，当其所足，足于所足，快然有似天真，犹饥者一饱，渴者一盈，岂忘蒸尝

---

[1] 徐震堮：《世说新语校笺》，北京：中华书局，1984年2月，第119—120页。

于糗粮,绝觞爵于醪醴哉?苟非至足,岂所以逍遥乎?[①]

事实上,支遁的逍遥义并不构成对郭象的逍遥义的有效批判和超越;将郭象的思想归结为足性逍遥并不符合其思想宗旨。在郭象那里,同样是只有至人才能"无待"逍遥的。[②]对于小大之辨的问题,支遁的理解与郭象是一致的:都将鹏与鹦放在了同一个层面上。与郭象只着眼于形体的小大不同,支遁从中发挥出"失适于体外"和"矜伐于心内"的不同,也不失为一种独到的见解。

以为《逍遥游》的思想宗旨在于齐同小大,即使不是错会了庄子哲学的本义,至少也是文本解读的粗疏和思想阐发的仓促的表现。在《逍遥游》的文本世界中,与小大之辨有直接联系的至少有三组对照的形象:鲲、鹏与蜩、学鸠、斥鹦;"知效一官、行比一乡、德合一君而征一国者"与宋荣子、列子;惠子与庄子。

关于宋荣子、列子与小有知能而为世所用的人的对比,可以通过《逍遥游》首章将其与斥鹦的笑联系起来得到确证:

[①] 《世说新语校笺》,第120页。
[②] 参见拙著《郭象〈庄子注〉研究》,第136—144页。

斥鷃笑之曰："彼且奚适也？我腾跃而上，不过数仞而下，翱翔蓬蒿之间，此亦飞之至也。而彼且奚适也？"此小大之辩也。故夫知效一官，行比一乡，德合一君，而征一国者，**其自视也，亦若此矣**。而宋荣子犹然笑之。且举世而誉之而不加劝，举世而非之而不加沮，定乎内外之分，辩乎荣辱之竟，斯已矣。彼其于世，未数数然也。虽然，犹有未树也。夫列子御风而行，泠然善也，旬有五日而后反。彼于致福者，未数数然也。此虽免乎行，犹有所待者也。①

鹏自始至终都是沉默的，因此压根儿谈不上"其自视也"的问题，所以，这里的"知效一官，行比一乡，德合一君，而征一国者"对应的只能是以小知小能自喜的斥鷃。值得注意的是，《逍遥游》首章里"笑"出现了三次。蜩与学鸠、斥鷃是以小知笑大知，而宋荣子则正好相反。从"举世而誉之而不加劝，举世而非之而不加沮，定乎内外之分，辩乎荣辱之竟"这样赞赏性的议论看，宋荣子显然与小有知能而自喜者不同。但这个"笑"仍然表明他远未达到至德之境。由此也引出了"犹有所待"的列子和"无待"的至德者。

《逍遥游》结尾两章"惠子谓庄子曰"，围绕用的问题又一

---

① 《庄子纂笺》，第3—4页。

次将小大之辨的讨论引入进来。庄子在"魏王贻我大瓠之种"一章虽已批评惠施"夫子固拙于用大",但重点落在了善用与否的问题上。"吾有大树"章则完全是首章核心问题的延续和发挥:

> 惠子谓庄子曰:"吾有大树,人谓之樗。其大本拥肿而不中绳墨,其小枝卷曲而不中规矩,立之涂,匠者不顾。今子之言,大而无用,众所同去也。"庄子曰:"子独不见狸狌乎?卑身而伏,以候敖者。东西跳梁,不辟高下,中于机辟,死于罔罟。今夫斄牛,其大若垂天之云。此能为大矣,而不能执鼠。今子有大树,患其无用,何不树之于无何有之乡,广莫之野?彷徨乎无为其侧,逍遥乎寝卧其下。不夭斤斧,物无害者,无所可用,安所困苦哉!"①

惠施对庄子"今子之言,大而无用,众所同去"的讥讽,虽没有明白写出一个"笑"字,但与蜩、学鸠、斥鷃之于鹏并无二致。在庄子的回应中,狸狌与斄牛的对比也指向小大之辨的问题,而对斄牛之大则又一次用到了"若垂天之云"这样的描述。对斄牛与鹏翼之大的描述上的一致,更凸显出了两者间的关联。就具体的语脉看,狸狌与斄牛的对比中显然包含了对惠施与庄子的关系

---

① 《庄子纂笺》,第6—7页。

的比况。狸狌以其警敏而得一时之用,却也自陷于无法预料的危险当中。这里面包含了对惠施的善意提醒。当然,以"执鼠"这样的贱役来区分二者,更多地还是调侃嘲弄的意思。庄子既以"其大若垂天之云"的犛牛自况,则《逍遥游》首章的鲲鹏也就有了庄子本人的影子。如果确如郭象、支遁所说,《逍遥游》的宗旨在于齐同小大,那岂不是说在庄子看来他本人的所思所行与惠施并无本质上的不同?在庄子哲学里,小大之辨是可以而且应该被超越的,但那要在一个更高的知的层面并指向真知的道路上才有实现的可能。在思的道路的开端就取消了小大的分别,是很多相对主义和虚无主义的庄子解读的共同问题。

从"肩吾问于连叔"章肩吾述接舆之言而兴"吾惊怖其言,**犹河汉而无极**"之叹看,这一章也与小大之辨有关。连叔对肩吾的"惊怖"给出了这样的评断:

> 瞽者无以与乎文章之观,聋者无以与乎钟鼓之声。岂唯形骸有聋、盲哉?夫知亦有之。是其言也,犹时女也。①

知是有其囿限的,一如形骸之有聋盲。事实上,即使不是有天然缺陷的人,其经验范围也有不可超越的限界。

---

① 《庄子纂笺》,第5页。

《逍遥游》首章在"蜩与学鸠笑之曰"一节后,有这样一段评论:

> 之二虫又何知!小知不及大知,小年不及大年。奚以知其然也?朝菌不知晦朔,蟪蛄不知春秋,此小年也。①

对于这里提到的"二虫",郭象解曰:"二虫,谓鹏蜩也。"②从下文的"小知不及大知,小年不及大年"看,这里的"二虫"显然是指"蜩与学鸠"。与后面单独出场的斥鷃参照,庄子这里特别安排"蜩与学鸠""二虫",正起到了明确指代关系的作用。在《逍遥游》首章,鹏的故事出现了两次。这不应被理解为文本传抄过程中出现的问题,或文本未成熟状态的表征。之所以在"汤之问棘也是已"后面再出"穷发之北"一节,是为了引出"彼且奚适也"有关的更深层次的小大之辨的问题。"北冥有鱼"一节与"穷发之北"一节表面看没什么不同,实际上是有重要的差别的:其一,"北冥有鱼"一节的鲲"化"而为鹏,隐含了对《齐物论》末章"物化"的指涉,"穷发之北"一节则只是说"有鱼焉,其名为鲲""有鸟焉,其名为鹏",没有再引入

---

① 《庄子纂笺》,第2页。
② 《庄子集释》,第10页。

"化"的观念；其二，蜩与学鸠对鹏主要是质疑和不理解，也就自然引出"小知不及大知"的议论，而斥鷃则以"此亦飞之至也"的自喜而发"彼且奚适也"的嘲问，而这一发问中的"适"字正是引出后面"待"的概念的必要环节。以极简的文本成浩瀚无涯的蕴致，文本结构的合理和精密是关键所在。郭象以"鹏蜩"释庄子文中的"二虫"，其立意所向显然是齐同小大的思想。此种刻意的误读为自立己说开了方便之门，以之理解庄子，则失之远矣。

"汤之问棘也是已"一句在《逍遥游》首章中颇为突兀。钟泰《庄子发微》、王叔岷《庄子校诠》等以"穷发之北"一段为汤与棘对话的内容，可备一解。至于以《列子·汤问》篇来疏通《逍遥游》首章的文理，则是不了解《列子》一书为魏晋人伪造所致。关于《列子》为魏晋时期的伪书的相关辨证，杨伯峻《列子集释》附录三中有详细的罗列。这里，我们仅用马叙伦的观点略做说明："盖列子书出晚而亡早，故不甚称于作者。魏晋以来，好事之徒，聚敛《管子》《晏子》《论语》《山海经》《墨子》《庄子》《尸佼》《韩非》《吕氏春秋》《韩诗外传》《淮南》《说苑》《新序》《新论》之言，附益晚说，成此八篇，假为向叙以见重。"[①] 汤问棘之事或为当时习见的传说，其事与小大之辨主

---

① 杨伯峻：《列子集释》，北京：中华书局，1979年10月，第305页。

题相合,故庄子略及之以结前文所论,不必如钟泰、王叔岷等那样将"穷发之北"一段作为其问对的内容。在《逍遥游》里,与汤问棘之事相类的是"尧让天下于许由"章:

> 尧让天下于许由,曰:"日月出矣,而爝火不息,其于光也,不亦难乎!时雨降矣,而犹浸灌,其于泽也,不亦劳乎!夫子立而天下治,而我犹尸之,吾自视缺然,请致天下。"许由曰:"子治天下,天下既已治也。而我犹代子,吾将为名乎?名者,实之宾也。吾将为〔实〕乎?鹪鹩巢于深林,不过一枝;偃鼠饮河,不过满腹。归休乎君!予无所用天下为。庖人虽不治庖,尸祝不越樽俎而代之矣。"①

如果说这一章的对话也与小大之辨有关,那么我们就得先弄清楚尧与许由何者为大的问题。作为天下的治理者、历史上的圣王,尧与前面提到的小有知能者有着根本的不同。尧既能让天下,则其襟怀所纳不可谓不大。以日月、时雨喻许由,以爝火、浸灌自比,则亦无学鸠、斥鷃的自是自喜之病。针对"治之而治者,尧也;不治而尧得以治者,许由也"的观点,郭象

---

① 《庄子纂笺》,第4页。

说:"夫自任者对物,而顺物者与物无对,故尧无对于天下,而许由与稷契为匹矣。何以言其然邪? 夫与物冥者,故群物之所不能离也。是以无心玄应,唯感之从,泛乎若不系之舟,东西之非己也,故无行而不与百姓共者,亦无往而不为天下之君矣。以此为君,若天之自高,实君之德也。若独亢然立乎高山之顶,非夫人有情于自守,守一家之偏尚,何得专此! 此故俗中之一物,而为尧之外臣耳。若以外臣代乎内主,斯有为君之名,而无任君之实也。"①这明显是以尧为大而以许由为小了。郭象注《庄》,以"寄言出意"的解释原则熔铸内、外、杂为一体,其思理自有不可及之高致。具体到这一章的解释,郭象显然注意到了《逍遥游》中尧的另一次出场。

在庄子那里,尧作为古代的圣王,是有达到至德的可能的:

> 尧治天下之民,平海内之政,往见四子藐姑射之山,汾水之阳,窅然丧其天下焉。②

郭象对《庄子》的解释,对人物形象的一致性是给予了充分的

---

① 《庄子集释》,第 24 页。
② 《庄子纂笺》,第 5 页。

考虑的。他对"尧让天下于许由"章的解释,根据其实在这一章。问题在于郭象有意或无意地忽略了两者间的一个重要的不同:尧让天下于许由,目的仍在于天下之治,而往见"四子"于"藐姑射之山",则超然"丧其天下"。以治天下为意的尧与"丧其天下"的尧之间,小大之别立见。

许由答尧之让,对于治天下之事名实俱遣,其所见颇高,但也未达至人之境。《德充符》里哀骀它对于鲁哀公的以国相授,只是"闷然而后应,泛而若辞",最后去鲁哀公而行而已。两相对比,所造之境是有根本不同的。"尧让天下于许由"章的小大之别之所以难以分判,在于尧似乎并不见小而许由又未足为大。然而,从对待天下的态度看,许由既"无所用天下为",则亦无所用于天下。以无所用于天下为大,正是《逍遥游》小大之辨的宗旨所在。

作为限定者和承载者的身、形在小大之辨中有着不容忽视的重要作用。当然,身、形从来不是纯粹的物理意义上的物质性存有,而是作为认知和实践主体的心灵与生活世界的各种关系在交互作用中塑成的具体的、当下化的形态。《逍遥游》以物理意义上的身、形之小大作为思想展开的基本线索,应该是出于在尽可能简单的语境里聚焦和凸显问题本身的根本指向的需要。充分意识到鹏和蜩、学鸠这类形象的象征性,我们在具体理解庄子的思考时,就必须有将其还原回生活世界的复杂性当中的自觉。作为限定者和承载者的身、形,换言之,作为种种主动性和被动性的载体,当然是可以被超越的,但这一超越得是具体的,不能仅仅停留在"忽忘形骸"这种抽象的层面。而在谈及对身、形这一最切近的、具象的客体的超越时,我们首先要问的是:为什么要超越呢?从最抽象的角度看,既然人无往不在无可奈何的不得已当中,又能超越到哪儿去呢?鹏之"徙于南冥",是以"海运"为条件的。林希逸说:"海运者,海动也。今海濒之俚歌犹有'六月海动'之语。海动必有大风,其水湧沸自海底而起,声闻数里。言必有此大风,而后可以南徙也。"[①] "海运"不是鹏"徙于南冥"的原因,而是垂天之翼依凭而起的条件。也就是说,鹏之奋飞"图南"是其主动的、自觉的选择。由于这一主动性的实现需要等待特定的时机,其中自然也就包含了主体和客体的双重醒觉。鹏虽是无言者,但并不是懵然无知的。鲲鹏之化,是觉醒的喻象。"九万里则风斯在下"的"图南"之路上,鹏见到了什么呢?《逍遥游》首章有一段话,看似全无所谓,其实大有深意:

天之苍苍,其正色邪?其远而无所至极邪?其视下

[①] 《庄子鬳斋口义校注》,第2—3页。

也，亦若是则已矣。①

人不可能有鹏的视角，无从确知鹏的所见，所以，只能通过以下视上的眼界来约略仿佛：天空的苍茫无辨以及无穷尽的遥远，应该就是九万里之上的鹏所见到的吧。这同时也就是庄子的哲学世界里有所言说的闻道者和知道者对于沉默的至人之所见的无论如何都无法真切的了解吧。接下来的问题是，鹏获得这无尽辽远的知见的前提是什么呢？

三、逍遥与大知

历代解庄者于庄子的逍遥义都颇为关注，而见解之分歧亦众。陆德明《经典释文》："'逍'音销，亦作消。'遥'如字，亦作摇。"② 郭庆藩说："逍遥二字，《说文》不收，作消摇者是也。"③ 钟泰也说："'消摇'，各本多作'逍遥'；'游'，多作'遊'，实非其旧。《释文》云'亦作'者，是也。"④ 据此，则"逍遥"二字当依《礼记·檀弓》等作"消摇"，应该是没什么疑义

---

① 《庄子纂笺》，第2页。
② 《经典释文》，上海：上海古籍出版社，1985年10月，第1407页。
③ 《庄子集释》，第2页。
④ 《庄子发微》，第4页。

的。郭象《庄子注》、林希逸《庄子鬳斋口义》、吕惠卿《庄子义》等没有涉及"逍遥"二字的训诂问题。王夫之《庄子解》"逍遥"作"消遥":"消者,向于消也,过而忘也。遥者,引而远也,不局于心知之灵也。"①其根据应该是成《疏》序中所引顾桐柏的训释:"逍者,销也;遥者,远也。销尽有为累,远见无为理。以斯而游,故曰逍遥。"②字义训诂固然重要,更重要的是其义理的内涵。

郭象释"逍遥游"曰:

夫小大虽殊,而放于自得之场,则物任其性,事称其能,各当其分,逍遥一也,岂容胜负于其间哉!③

推详其文义,郭象是以"自得"来解释"逍遥"的。所以成《疏》说:"逍遥,自得之称。"④由自得而自适、自足,即为逍遥。在郭象那里,逍遥是以正确的自我理解为前提的。换言之,逍遥是基于正确的自我理解的人生态度的结果,是人应该追求的目标。

---

① 《老子衍·庄子通·庄子解》,第75页。
② 《庄子集释》,第6—7页。
③ 《庄子集释》,第1页。
④ 《庄子集释》,第41页。

成玄英《庄子疏》序在解释庄子以《逍遥游》为首篇的原因时说：

> 所以《逍遥》建初者，言达道之士，智德明敏，所造皆适，遇物逍遥，故以逍遥命物。①

这显然是以逍遥为"达道之士"的至德之境了。我们前面讨论过支遁的逍遥义："夫逍遥者，明至人之心也。"与成玄英的理解是完全一致的。

王夫之《逍遥游》释题曰：

> 寓形于两间，游而已矣。无小无大，无不自得而止。其行也无所图，其反也无所息，无待也。无待者：不待物以立己，不待事以立功，不待实以立名。小大一致，休于天均，则无不逍遥矣。②

船山干脆将逍遥理解为达至无待以后的境地。在他看来，只有至人才有可能逍遥。

---

① 《庄子集释》，第7页。
② 《老子衍·庄子通·庄子解》，第75页。

郭象、成玄英和王夫之都是中国哲学史上自成体系的大哲学家，思理造境深至，故能在各自致思的方向上与庄子哲学构成真实的对话关系。然而，他们对庄子的理解在自觉接受文本固有脉络的约束这方面，都有严重的不足。这一点与王弼对待《老子》文本的态度是有着本质不同的。不加分析地将逍遥理解为至人之境、理解为人生应该追求的目标，与凌越阶次地直接消解小大之辨，这两种做法在《逍遥游》的具体语境当中都找不到文本的支持。

值得特别注意的是，"逍遥"一词在《逍遥游》正文中仅出现过一次。《逍遥游》最后一章庄子在回应惠施的问难时说：

> 今子有大树，患其无用，何不树之于无何有之乡，广莫之野？彷徨乎无为其侧，逍遥乎寝卧其下。不夭斤斧，物无害者，无所可用，安所困苦哉！①

这里的逍遥的涵义不应停留在"优游自在"（林希逸语）、"闲放不拘，怡适自得"（陆德明语）这样笼统含糊的理解层次上，而应联系此章的宗旨探寻更为确切的解释。这一章的主题是用，"彷徨乎无为其侧，逍遥乎寝卧其下"显然是用的反面。逍遥直

---

① 《庄子纂笺》，第6—7页。

接指向的是对与用相关联的东西的摆脱。钟泰正"逍遥"为"消摇",并解释说:"盖消者,消其习心,摇者,动其真机,习心消而真机动,是之谓消摇。"①这里的"习心"和"真机"都是根据对庄子哲学的整体理解添加进来的,道理也许并不算错,但偏离文本太远了。消为消释义,摇为动荡义,钟泰对字义的解释应该是对的,但摇字的动荡义还是应该从否定性的方面来把握。消摇的本义应该是消解、摆脱的意思。消解、摆脱掉与用关联的种种约束,才能"优游自在""闲放不拘,怡适自得"。

《逍遥游》中的小大之辨,小者往往周于世用,如"知效一官"者之于任职、狸狌之于"执鼠",大者则能免乎成器。用与不用是小大之辨的关键,也是逍遥与否的判准。

接下来的问题是:何为逍遥游呢?《逍遥游》正文里,游字出现在两处:

> 若乎**乘**天地之正,而**御**六气之辩,以**游**无穷者,彼且恶乎待哉!
>
> 藐姑射之山,有神人居焉,肌肤若冰雪,淖约若处子。不食五谷,吸风饮露。**乘**云气,**御**飞龙,而**游**乎四海之外。②

---

① 《庄子发微》,第3页。
② 《庄子纂笺》,第4—5页。

对比两段文字，我们会发现"乘""御""游"三个动词的使用是完全一致的。

类似的动词的使用也见于《齐物论》和《应帝王》：

> 至人神矣！大泽焚，而不能热；河汉冱，而不能寒；疾雷破山、风振海，而不能惊。若然者，**乘**云气，**骑**日月，而**游**乎四海之外。①

> 予方将与造物者为人，厌，则又**乘**夫莽眇之鸟，以**出**六极之外，而**游**无何有之乡，以处圹垠之野。②

与前面两段文字对比，可以清楚地看到用词的连贯性。"乘""御"（或"骑"）这样的动词都有较强的主动的意味。逍遥游是至人之游，是消除、摆脱了一切被动性的。只有通过最彻底的否定性，才能达到最充足的主动性。当然，从彻底的否定性达到充足的主动性不是直接实现的，中间要经过不同的阶段和环节。从逍遥的否定性阶段到实现了充足的主动性的至人之游之间，还有漫长的过程。

回到《逍遥游》开头的鲲、鹏之化。鲲虽大，终归为海所

---

① 《庄子纂笺》，第20页。
② 《庄子纂笺》，第64页。

拘限。化为鹏方能"游乎四海之外"。鲲有化为鹏的可能,但不是所有的鲲都能有这样的转化。这一点由"穷发之北"一节的鲲、鹏并存,可以得到确证。鲲以其大,化为鹏后方能远举。一方面,能"背负青天而莫之夭阏",摆脱所有的遮蔽和阻隔;另一方面,能有"其远而无所至极"的眼界。鲲、鹏之化的喻意是觉醒。但这种觉醒的可能不是普遍的。蜩、学鸠、斥鷃就没有这样的可能性。《大宗师》里女偊在回答南伯子葵"道,可得学邪"的问题时,明确说:"恶!恶可!子非其人也。"[①]"圣人之才"终归是罕见的。

消解、摆脱了羁绊的超然远举使鹏获得了"其远而无所至极"的眼界,由这样的眼界看到的一切对于有"圣人之道"而无"圣人之才"的知道者而言,最多只能揣摩于影响之间,并不能达到真切的认识。但这种并不真切的认识仍然是可贵的,因为这样的认识能够进入语言,从而有可能构成对普通人某种思想上的引领。通过逍遥的否定性阶段,使"大知"成为可能的眼界出现了,通往真知或真知的某些侧面的道路也随之敞开。

---

① 《庄子纂笺》,第54页。

第四章　以明与因是

通过消解、摆脱种种世用之束缚，敞开了一个"其远而无所至极"的眼界。在这一眼界中，原本习以为常的知见的无根基性被揭示出来。只有破除掉没有根据的习常之见，才有可能找到通向真知的道路的坚实基础。

一、成　心

《齐物论》曰：

> 夫随其成心而师之，谁独且无师乎？奚必知代，而心自取者有之，愚者与有焉。未成乎心而有是非，是今日适越而昔至也。是以无有为有。无有为有，虽有神禹，且不能知，吾独且奈何哉！①

---

① 《庄子纂笺》，第12—13页。

关于这一节的解释，分歧甚多。首先是如何解释"知代"的"代"字。郭象注曰："夫以成代不成，非知也，心自得耳。"郭庆藩案曰："《说文》，代，更也。"①钟泰说："'代而心自取'，即前'日夜相代乎前'、'非彼无我，非我无所取'之说也。"②这是将"代"字解为更替的意思。钱穆则根据钱澄之《庄屈合诂》的解释将"知代"理解为"知化"："钱澄之曰：'知代，谓知日夜之相代，而自取真君者。'穆按：钱说是。'知代'，即知化矣。知化者，无成心也。"③王叔岷《庄子校诠》以钱说为是。从理据上看，将"知代"解为"知化"用的也是"代"字的更替义。只不过郭象的解释是"以成代不成"，而钟泰、钱澄之等则将这里的"代"与前文的"日夜相代乎前"关联起来。从文本的内在脉络看，钟泰等人的看法更可取，郭象注在文义上有无法疏通的地方。对于"成心"的理解是这一节的关键。上引各家都是直接将"成心"理解为负面的。钟泰说："'成心'与'成形'相应。'成'者，一成而不变，故'成心'者，执心也。盖世之自谓不芒者，未尝不自以为得其所谓真宰、真君，而不知其非也。"④然而，能将庄子的"成心"简单地理解为负面的、

---

① 《庄子集释》，第 61 页。
② 《庄子发微》，第 35 页。
③ 《庄子纂笺》，第 13 页。
④ 《庄子发微》，第 35 页。

应该被去除的东西吗？

在宋代的吕惠卿和林希逸那里，"成心"反而被理解为"至人之心"和"天理"。人们恰恰是因为背离了"成心"才有种种芒昧：

> 我与物敌，形与心化，而不自知，芒昧之甚者。至人之心，其静如鉴。非有待而然，得其成心而已，我不得其成心，所以独芒，彼至人者，固不芒也。……成心吾所受于天而无亏者，故足以明真是非。苟为物所亏，则所谓是非者未定也。①
>
> 成心者，人人皆有此心，天理浑然而无不备者也。言汝之生，皆有见成一个天理，若能以此为师，则谁独无之！非惟贤者有此，愚者亦有之。②

林希逸注意到了文本当中的贤、愚相对。既然"愚者与有焉"，则贤者亦必有"成心"明矣。而且，从上下文义看，贤者之有"成心"是无可怀疑的，反而是愚者亦有"成心"是需要特别加以说明的。

---

① 《庄子义集校》，第 26 页。
② 《庄子鬳斋口义校注》，第 21 页。

先入为主地将"成心"理解为单纯负面的,是诸多牵强生硬的注解的根由。以王叔岷为例:

> 案钱释"知代,即知化"是也。"自取"犹"自执"。此三句分陈三义,谓知化者不必有成心;自执其心者有成心;愚者亦有成心也。①

王叔岷将"奚必知代,而心自取者"读为"知化者"和"自执其心者",完全置句中的"而"字不顾。详味本文的语势,"知代"与"心自取"是关联在一起的,指的是与愚者相对的、理所当然的有其"成心"的一类人。将"自取"解为"自执",在文本上并无依据。《齐物论》首章"咸其自取"与这里"心自取者"的联系,更完全不在王叔岷的视野当中。② 即使我们接受将"知化者"与"自执其心者"分为不同的层次,"奚必知代,而心自取者有之"也无论如何读不出"知化者不必有成心"的意思来。至于"不必有成心"这样模棱两可的表达,就更不知所谓了。"知化者"既然无自执之心,应该是无"成心"才是。而"不必有"应该是"可以有也可以没有"或"一部分有一部分没有"的意思。

---

① 《庄子校诠》,第56—57页。
② 对于"咸其自取",王叔岷是做正面理解的:"夫万窍怒号不同,此不齐也。而使万窍怒号乃由于己,即万窍各自成声,此齐也。"《庄子校诠》,第48页。

这是基本的文理都不通了。

由于"成心"被理解为负面的,"未成乎心而有是非"就得被解读出某种正面的意思来。钟泰说:

> "未成乎心",心未执著者,所谓初心也。以是心而有是非,则下文所谓"和之以是非"者,故以惠子"今日适越而昔至"之说比之。明明今日适越,何言昔至?此以破凡情之执,以见时光无停,当其适越之顷,倏成过去;既成过去,谓非昔至可乎?①

与其他同类的解释相较,钟泰的说法还是自成条理的。然而,认为庄子赞同惠施"今日适越而昔至"的论点,既与上下文不合,也无法与《庄子》内篇中庄子对惠施的态度相协调。② 从后面的"是以无有为有。无有为有,虽有神禹,且不能知,吾

---

① 《庄子发微》,第35页。
② 《庄子》内篇里,庄子与惠施的观点处处相左。除明显的三章"惠子谓庄子曰"外,《齐物论》中的"劳神明为一,而不知其同也,谓之朝三",指向的应该也是惠施。根据《庄子·天下》篇所载惠施的"历物之意"看,惠施也是主张齐物的。"历物之意"中有这样的命题:"天与地卑,山与泽平","大同而与小同异,此之谓小同异;万物毕同毕异,此之谓大同异"。《庄子纂笺》,第273—274页。当然,惠施的齐物思想在庄子看来是"劳神明为一",不是真的看到了万物之齐同。《德充符》最后一章对于惠施"外乎子之神,劳乎子之精"的批评,与《齐物论》中的"劳神明为一"是一致的。《庄子纂笺》,第47页。

独且奈何哉"看，庄子是以"今日适越而昔至"这样无中生有的是非之争为无稽之谈的。"虽有神禹，且不能知，吾独且奈何哉"有明显的反讽语气，符合庄子对于以惠施为代表的辩者的一般态度。与基于"成心"的是非相比，"未成乎心而有是非"的辩者的争论是更加无聊的。《德充符》末章庄子所说的"天选子之形，子以坚白鸣"，是庄子对于名辩之流的断语。

推详《齐物论》这一节的文义，有几点是可以明确的：一、"成心"并不直接就是负面的，不仅知道者有其"成心"，愚者也有；二、因"成心"而有是非是常有的情况，但至少从文本本身看，不能说"成心"必然会导致是非之争；三、在"未成乎心"的情况下，也能产生出是非来，如惠施为代表的名辩家那样。《齐物论》接下来一节说：

> 道恶乎隐而有真伪？言恶乎隐而有是非？道恶乎往而不存？言恶乎存而不可？道隐于小成，言隐于荣华。①

章太炎认为"隐读如隐几之隐"，第一句句义为："道何所依据而有真伪，言何所依据而有是非。"② 钟泰、钱穆持同样的见

---

① 《庄子纂笺》，第13页。
② 《章太炎全集》第一辑（六），上海：上海人民出版社，2014年5月，第90页。

解。将此处的"隐"与前面的"隐机"联系起来，进而将其解释为"依凭""依据"之义，就此处的上下文义看，亦通。然而，若详味此节的语气，则还是依郭《注》解为"遮蔽"之义更为妥善。前面的问句为"道恶乎隐而有真伪"，后面的答语为"道隐于小成"，"小成"显然是负面的，将"隐"字解为"遮蔽"，辞旨晓畅明白。如果依太炎所说解为"依据"，则"道隐于小成"中的"道"只能解为"道之伪"，句义就成了"道之伪依据于小成"。故《齐物论释》说："比其衰也，帝王之法，依以为公义，是道隐于小成。"① 这就额外添加了文本中原本没有的观念。将"隐"解为"遮蔽"，更直接的证据是后文中的"是非之彰也，道之所以亏。道之所以亏，爱之所以成"一句。"彰"则明，与蔽而暗正成对反。"亏"与"成"相对，"有成与亏，故昭氏之鼓琴也；无成与亏，故昭氏之不鼓琴也"②。郭象《注》曰："夫声不可胜举也。故吹管操弦，虽有繁手，遗声多矣。而执籥鸣弦者，欲以彰声也，彰声而声遗，不彰声而声全。"③ 太炎《齐物论释》此处直引郭《注》。"亏"既与全、盈相反，则亦是遮蔽所致。道失其真，实由遮蔽而来，因此说"道隐于小成"。"小成"根源于"成心"，但"成心"并不必然转为遮蔽道的"小成"。

---

① 《章太炎全集》第一辑（六），第91页。
② 《庄子纂笺》，第16页。
③ 《庄子集释》，第76页。

"小成"的说法提点出"大成"的存在。而在庄子那里,"大成"只能是无成:

> 而其子又以文之纶终,终身无成。若是而可谓成乎,虽我亦成也。若是而不可谓成乎,物与我无成也。①

作为真正的成的无成,不是直接实现的,而是要通过对"小成"和"成心"的超越才能达到。

二、可不可之知

在庄子那里,即使是已经闻道的"知代,而心自取者"也有其成心,那么,真正的至德之人呢?《大宗师》曰:"古之真人,不知说生,不知恶死;其出不䜣,其入不距;翛然而往,翛然而来而已矣。不忘其所始,不求其所终;受而喜之,忘而复之。是之谓不以心捐道,不以人助天。是之谓真人。"② 由此,则一般意义上的成心,至人是没有的。

既有成心,则必有"可不可""然不然"之知。《齐物论》曰:

---

① 《庄子纂笺》,第16页。
② 《庄子纂笺》,第50页。

> 可乎可，不可乎不可。道行之而成，物谓之而然。恶乎然？然于然。恶乎不然？不然于不然。物固有所然，物固有所可。无物不然，无物不可。①

只要未达至德之境，则"可不可""然不然"之知就是普遍的。"可不可"重点在于是否适应和接受，"然不然"则已经上升到了对错的层面，所以《庄子》里面有时也将"然不然"与"是不是"连在一块儿讲："是不是，然不然。是若果是也，则是之异乎不是也亦无辩；然若果然也，则然之异乎不然也亦无辩。"②"然不然"之知虽已上升到对错的层面，但仍然只是局于一域的，并没有普遍性的诉求。《齐物论》"啮缺问乎王倪"章，在回答啮缺"子知物之所同是乎"的提问时，王倪说：

> 且吾尝试问乎女：民湿寝，则腰疾偏死，鳅然乎哉？木处，则惴慄恂惧，猨猴然乎哉？三者孰知正处？民食刍豢，麋鹿食荐，蝍且甘带，鸱鸦耆鼠，四者孰知正味？猨，猵狙以为雌，麋与鹿交，鳅与鱼游。毛嫱、丽姬，人之所美也；鱼见之深入，鸟见之高飞，麋鹿见之决骤。四

---

① 《庄子纂笺》，第15页。
② 《庄子纂笺》，第22页。

者孰知天下之正色哉!①

一切物类都有其自得、自适的场域,如果仅仅停留在这个层面,即使不可能达到至德之地,也并无大的妨碍。

然而,总是有将局部的"可不可""然不然"之知强调为普遍适用的知的倾向。《齐物论》曰:

> 昭文之鼓琴也,师旷之枝策也,惠子之据梧也,三子之知,几乎皆其盛者也,故载之末年。惟其好之也,以异于彼其好之也,欲以明之彼。非所明而明之,故以坚白之昧终。②

以自己的所好加于他人之上,是普遍的情态。虽然会导致各种不必要的纷扰,但波及浅近,尚不致产生严重的后果。

当这种倾向转变为一种道义的旗号而在整体上施加影响时,某种根本性的危险就潜蕴其中了。《齐物论》中间一段长篇议论的结尾有"尧问于舜"一节:

---

① 《庄子纂笺》,第20页。
② 《庄子纂笺》,第16页。

> 故昔者尧问于舜曰："我欲伐宗、脍、胥敖，南面而不释然。其故何也？"舜曰："夫三子者，犹存乎蓬艾之间，若不释然，何哉？昔者十日并出，万物皆照，而况德之进乎日者乎！"①

章太炎《齐物论释》于此章特加表彰："文野之见，尤不易除，夫灭国者，假是为名，此是梼杌、穷奇之志尔。如观近世有言无政府者，自谓至平等也，国邑州间，泯然无间，贞廉诈佞，一切都捐，而犹横箸文野之见，必令械器日工，餐服愈美，劳形苦身，以就是业，而谓民职宜然，何其妄欤！故应物之论，以齐文野为究极。此章才有六十三字，辞旨渊博，含藏众宜，《马蹄》《胠箧》《盗跖》诸篇，皆依是出也。"② 太炎此论，锋芒指向近代各种文明论的主张。而庄子哲学的宗旨之一，亦得到了充分的揭示。物质力量从来都是以道义为核心才凝聚到一个持恒的方向上的。假道义之名行饕餮之实，遂成常态。庄子揭示出种种声称有普遍性的是非之知的无根基性，至少在思理上动摇了耳闻目见的残酷征伐背后的道义基础。庄子之"剽剥儒墨"，岂徒然哉！然而，庄子终非用世之人，其书亦非治世之

---

① 《庄子纂笺》，第19页。
② 《章太炎全集》第一辑（六），第119页。

书。完全消解掉价值与秩序的世界，并不能保证不会堕入更为黑暗的深渊。庄子理想中的治世，只能寄希望于历史的偶然瞬间：真正的至德之人成为王者，从而放万类于"自得之场"。郭象注《胠箧》篇"则圣人之利天下也少而害天下也多"曰："信哉斯言！斯言虽信，而犹不可亡圣者，犹天下之知未能都亡，故须圣道以镇之也。群知不亡而独亡于圣知，则天下之害又多于有圣矣。然则有圣之害虽多，犹愈于亡圣之无治也。虽愈于亡圣，故未若都亡之无害也。甚矣，天下莫不求利而不能一亡其知，何其迷而失致哉！"① 子玄之论，用意深矣。

局于一域的"可不可""然不然"之知总有声张其普遍性诉求的倾向，这一倾向产生的根源是什么呢？

三、言与辩

在《齐物论》里，是非问题总是跟言、辩关联在一起。名言本身就有将个体的经验纳入到整齐一致的表述中去的倾向。《齐物论》曰：

> 夫言非吹也。言者有言，其所言者特未定也。果有言

---

① 《庄子集释》，第348页。

邪？其未尝有言邪？其以为异于鷇音，亦有辩乎？其无辩乎？道恶乎隐而有真伪？言恶乎隐而有是非？道恶乎往而不存？言恶乎存而不可？道隐于小成，言隐于荣华。故有儒、墨之是非，以是其所非，而非其所是。①

钱穆《纂笺》引宣颖《南华经解》："天籁自然，言非其比。"也就是将这里的"吹"与前文的"吹万"联系起来加以解释。郭象注曰："各有所说，故异于吹。"②王夫之《庄子解》曰："吹无成响，言则因成心而立言。"③则是将"吹"理解为吹籥鸣管的"吹"。这两种解释都可以讲得通，但后者更为朴素直接。吹没有确定的内涵和倾向，言则不同，其中有明确的意义和指称。言的作用在于沟通和交流，所以必定是有其公共性的，而这种公共性只能通过忽略个体经验的差异才能最低限度地达成。而每个人的言当中所包含的公共性的、可交流的部分与个体的、不可传达的部分的比例是无法确定的。同样欣赏音乐，同样表达出了对乐章之美的赞叹，但实有所感与附庸风雅之间是有着质的不同的。言的公共性质使得进入言说的"可不可""然

---

① 《庄子纂笺》，第13页。
② 《庄子集释》，第63页。
③ 《老子衍·庄子通·庄子解》，第90页。

不然"之知不可避免地拥有了某种普遍化的倾向。庄子揭示出言的不确定性,并不因此就彻底地否定了言的意义。对言的不确定性的揭示,使得将其还原为纯粹的交流和沟通的工具从而克服其普遍化的倾向成为可能。《齐物论》里涉及言与是非的长篇议论中,之所以会反复谈到"用"的问题,其意义即在于此。如果没有其他因素的影响,这种还原并不难做到。然而,"道隐于小成,言隐于荣华",是非之争由之而起。

说服别人的欲望可以有各式各样的动机,但其指向无非是人间世的尊荣。在《人间世》里,颜回请求去卫国说服"轻用民死"的卫君,孔子说:

> 德荡乎名,知出乎争。名也者,相札也;知也者,争之器也。二者凶器,非所以尽行也。……且昔者桀杀关龙逢,纣杀王子比干,是皆修其身以下伛拊人之民,以下拂其上者也,故其君因其修以挤之。是好名者也。昔者尧攻丛枝、胥敖,禹攻有扈,国为虚厉,身为刑戮,其用兵不止,其求实无已。是皆求名实者也。而独不闻之乎?名实者,圣人之所不能胜也,而况若乎![1]

---

[1] 《庄子纂笺》,第29—30页。

出于对各种名和实的追求，形诸名言的是非成了彼此攘夺的利器。

试图通过辩论的方式来解决是非的纷争是徒劳的：

> 既使我与若辩矣，若胜我，我不若胜，若果是也？我果非也邪？我胜若，若不吾胜，我果是也？而果非也邪？其或是也？其或非也邪？其俱是也？其俱非也邪？我与若不能相知也，则人固受其黮暗。吾谁使正之？使同乎若者正之，既与若同矣，恶能正之！使同乎我者正之，既同乎我矣，恶能正之！使异乎我与若者正之，既异乎我与若矣，恶能正之！使同乎我与若者正之，既同乎我与若矣，恶能正之！①

庄子穷尽了围绕辩论产生的一切可能的情况，没有一种能有说服力地确定彼我的是非。以评判是非的方式来消解是非的分歧，等于又引入了新的是非问题。甚至当我们强调是非之争的不对时，也仍然在是非的评判当中。那么，如何超越是非的无尽循环呢？

---

① 《庄子纂笺》，第22页。

四、因 是

是非的无尽循环根源于彼此的分别。彼此又是同时并生、互为条件的。而超越是非的无尽循环的可能性,就蕴涵在彼此的并生和互成当中:

> 物无非彼,物无非是。自彼则不见,自知则知之。故曰:彼出于是,是亦因彼,彼是方生之说也。虽然,方生方死,方死方生;方可方不可,方不可方可;因是因非,因非因是。是以圣人不由而照之于天,亦因是也。是亦彼也,彼亦是也。彼亦一是非,此亦一是非。果且有彼是乎哉?果且无彼是乎哉?彼是莫得其偶,谓之道枢。枢始得其环中,以应无穷。是亦一无穷,非亦一无穷也。故曰"莫若以明"。①

彼与是的并生、互成是显而易见的,然而,如果因此简单地将彼、是不分主从地、完全对等地并列在一起,就错失了理解庄子这一段议论的精义。此节起首先说"物无非彼",而不是先讲"物无非是",至少是值得深思的。就每一个个体而言,自己

---

① 《庄子纂笺》,第 13—14 页。

所处的"这儿"是最直接的。庄子不从最直接的说起，是要凸显出一个常见的误解：彼与此完全是对等的。如果彼与是完全对等，就应该可以相互易置，那么，我们就应该既可以是作为"彼"的自己也可以是作为"是"的自己，而且从"彼"和"是"这两个立场出发做出的判断和理解应该是一致的。然而，实际的情形却恰恰是"自彼则不见，自知则知之"。在这里，儒、墨的"是其所非而非其所是"成了最直接的证据。"自彼则不见，自知则知之"证明了彼与是之间是的根本性。因此才能说"彼出于是"。但彼与是必然是同时并起的，虽然是有其根本性，但离开了彼也不能成立，所以说"是亦因彼"。此下的"方生方死，方死生；方可方不可，方不可方可"则进一步强调：一方面，生与死、可与不可作为概念必然是并生的；另一方面，生与可相对于死与不可又有其优先性和根本性。由此得出"因是"相对于"因非"的优先性和根本性。"圣人不由"，"不由"的宾语被庄子省略了。既然省略掉，当然就是前面已经提到过的。而前面刚刚提到过的正是生与死、可与不可、是与非在表面上的对偶、并置。圣人不依从一般人对"因是"与"因非"的简单并置，而根本上取"因是"的态度。圣人之"因是"，不是从自己的"是"出发的，否则就不是"照之于天"了。这里的"天"有公共性和普遍性的涵义。通过"果且有彼是乎哉？果且无彼是乎哉"的设问，庄子揭示出彼与是对等并置的可疑。真正看到了彼与是不成偶对,才有可能超越彼与是的对待,立足于绝对待的独或一之上,以应对无尽的分别和对立的循环。

真正看到了"彼是莫得其偶",所以"因是"。超越彼与是的偶对,才能返归作为根本的一。在庄子的论述里,"因是"与"道通为一"是紧密关联的:

> 故为是举莛与楹,厉与西施,恢诡谲怪,道通为一。其分也,成也;其成也,毁也。凡物无成与毁,复通为一。惟达者知通为一,为是不用而寓诸庸。庸也者,用也;用也者,通也;通也者,得也。适得而几矣。因是已。已而不知其然,谓之道。劳神明为一,而不知其同也,谓之朝三。何谓朝三?曰:狙公赋芧,曰:"朝三而莫四。"众狙皆怒。曰:"然则朝四而莫三。"众狙皆悦。名实未亏,而喜怒为用。亦因是也。是以圣人和之以是非,而休乎天钧,是之谓两行。①

这一段文字中首先需要讨论的是"名实未亏,而喜怒为用"与"亦因是也"的关系。钱穆将两句连起来理解,认为:"狙公之顺众狙,亦'因是'之义也。"王叔岷也说:"名七升实亦七

---

① 《庄子纂笺》,第15页。引文标点略有调整。

升,狙公通达善因,故能转众狙之怒为喜。诸子百家之争鸣,此亦一是非,彼亦一是非,亦不过如朝三暮四、朝四暮三之理而已。"① 也就是说,在钱穆和王叔岷看来,庄子是以狙公的巧诈来比喻圣人的"因是"。对于这样的观点,钟泰的解说正中肯綮:"'劳神明为一',是有心为一者。'不知其同',谓不知玄同于物也,故以狙公赋芧况之。'名实未亏,而喜怒为用',狙固愚矣。然狙公则诚何心哉?曰'亦因是也'者,言此'因是'假其用以济其奸,非真所谓'因是'者,特拣别之也。"② 钟泰的解说优于钱穆、王叔岷之处有两点:其一,"朝三"的寓言针对的是"劳神明为一",而不是百家争鸣的"此亦一是非,彼亦一是非";其二,以狙公之伪诈况圣人之"因是",那庄子就不是"荒唐""谬悠",而是不折不扣的荒唐了。既然狙公的做法不可能是圣人的"因是",而钟泰又将"名实未亏,而喜怒为用"与"亦因是也"连为一句,就只能生造出一个与圣人之"因是"不同的假的"因是"来。正如我们前面指出过的那样,"劳神明为一,而不知其同也"针对的是惠施的齐物思想。《德充符》最后一章庄子说惠施"外乎子之神,**劳**乎子之精"③,与这里的"劳神明"是同样的意思。以众狙之"名实未亏,而喜怒为用"

---

① 《庄子校诠》,第 65 页。
② 《庄子发微》,第 42—43 页。
③ 《庄子纂笺》,第 47 页。

来拟况惠施之类的"劳神明为一，而不知其同"，并以之收结寓言，辞意完足，因此应当在此绝句。"亦因是也"则是接续前面的"因是已"，将议论收归整节的主线。物之为物，总有种种分别和限界。因此，对于个别的物而言，分别就意味着成就。然而，个别的物的成，于整体而言就意味着毁。同时，成是毁的前提，若无成，则亦无所谓毁。任何对成的追求，同时就是毁的表现，而且也终归会导致毁的结果。达者知道成与毁在本质上的同一，因此能超越成与毁的分别，"复通为一"。然而，所谓"知通为一"，仍然是成与毁的为一，如果根本就没有成与毁，那就连"为一"也谈不上。所以圣人的"因是"是"和之以是非，而休乎天钧"。"和之以是非"的确切涵义我们会在后面结合"以明"的问题给出详尽的讨论。但即使再笼统的解说，也无法将"和之以是非"等同为完全意义上的对是非的消除。"和之以是非，而休乎天钧"，并不是要彻底地消除是非，而是要让是非之无穷能息止于自然之均平。只有这样，才称得上"两行"。"两行"不是是与非的两行，而是是非之和与自然之平的两行。达者虽能揭示出是非的无根、无定，却并不能在根本上消除对是非的固执。圣人能做的，也只是让是非之争回归到一个适当的分寸上。

即使真能做到"知通为一"，一旦将其形诸语言，就又会陷入新的分别的映射和交织当中：

> 天下莫大于秋毫之末，而大山为小；莫寿乎殇子，而彭祖为夭。天地与我并生，而万物与我为一。既已为一矣，且得有言乎？既已谓之一矣，且得无言乎？一与言为二，二与一为三。自此以往，巧历不能得，而况其凡乎！故自无适有，以至于三，而况自有适有乎！无适焉，因是已。①

"既已为一"，则不得有所分别，而言本身就是一种分别。至人可以在默会中，体达"为一"之境。然而，如果没有闻道者的言说，至德之人的不言之教的真理性就得不到必要的揭示。在《德充符》里，行不言之教的兀者王骀的追随者仅仅能与孔子"中分鲁"。王骀的至德有待于孔子这样愿意"引天下而与从之"的闻道者或知道者的理解，才能被普遍地接受。而这恐怕也是庄子之所以还要有所著述的原因之一吧。然而，只要形诸名言，就已经不再是无分别的一了。"万物为一"的一与"谓之一"的一又形成新的分别、不齐，因此说"一与言为二"。新的分别、不齐本质上又是为一的，于是又齐出一个一来，所以是"二与一为三"。以齐物之言齐不齐之言，本身就是不齐的表现，所以，又得在一个更高的层次上齐齐物之言与不齐之言。"自此以往，巧历不能得"，这个过程竟然是没办法终结的。从无分别的

---

① 《庄子纂笺》，第 17—18 页。

一出发，尚且会达到复杂交错的三，何况从分别出发呢？从上下文看，这里的"适"是往、到的意思，是自觉、主动的去向。主动地齐物，免不了以齐物之言齐不齐之言，在根本上是行不通的。所以，只能取"因是"的道路。

何谓"因是"？钱穆《纂笺》："王闿运曰：'专"因是"以化其非也。世所积是，圣不能非。世所积非，圣可以是。愚者难悟，先务顺之。必先是之，乃可无非。'刘咸炘曰：'"因是"，因其皆是。所破特彼我之相非耳。'穆按：上文言'因是因非'，圣人独因是而无所非，故曰'亦因是也'。"[①] 钱穆的理解颇具代表性。总的说来，这些阐发的方向没什么问题，但都不免有大而化之、流于表面之嫌。之所以不能"因非"，首先在于若有所非，就必须同时立出一个是来，就又陷入是非的无尽循环当中。普遍地"因其皆是"，则可以不自立其是，让各方之是非相互破除，从而有了从对普遍性的声张中返归局部的可不可、然不然之知的可能。如果仅此而已，那么"因是"就只是圣人藉以息争的应务之具，而非达到更高的哲学真理的基石。我们在前面讨论过是非、生死、可不可等同时并起的概念中是、生、可的优先性，换言之，在这些相互规定的概念中积极主动的一面是更为根源性的。庄子说："彼出于是，是亦因彼。"又说："彼

---

① 《庄子纂笺》，第14页。

是莫得其偶,谓之道枢。"超越彼与是的偶对,才有了枢轴一样居中不动以应无穷的立足点。作为彼、是对待的根源的是,只能是整全的、绝对待的,只能是一。一切相互规定的、同时并起的分别和对待,都根源于这一整全的、绝对待的是和一。根源性的是和一必然产生出各种不同层面的对待,人们沉陷在这些交织的对待的无尽循环当中,失去了对整全的、普遍的生存基础的照察。关于"因是"的"因"字,钟泰说:"此因则因任之因。"① 王叔岷的解释大体相同:"案因犹顺也。此谓顺是、非之自然耳。"② 在《齐物论》最初引入"因是"的段落里,共有六个"因"字。这六个"因"字的字义应该是一致的。"彼出于是,是亦因彼"中的"因"字,明显不是"因顺"义,而是"依凭、根据"的意思。《孟子·离娄上》:"故曰,为高必因丘陵,为下必因川泽。为政不因先王之道,可谓智乎?"③ 其中的"因"字也是"依凭、根据"义。将"因是"的"因"字解释为因任之因,恐怕是由道家因任自然的精神取向而来的想当然的联想。

---

① 《庄子发微》,第39页。
② 《庄子校诠》,第59页。
③ 《四书章句集注》,北京:中华书局,2012年2月,第281页。

五、以 明

关于"以明"与"因是",钟泰说:"吾前云:'以明'所以去执,'因是'所以善用。析而言之,大体如是。实则言'以明'即兼'因是',言'因是'不离'以明',两支仍一体也。"① 以为"以明"与"因是"各有侧重、实为一体,是很有见地的。但钟泰的阐发完全建立在其个人对庄子思想的理解之上,并没有将"以明"与"因是"之间显见的文本关联明确揭示出来:

> 惟达者知通为一,为是不用而寓诸庸。庸也者,用也;用也者,通也;通也者,得也。适得而几矣。因是已。②
>
> 是故滑疑之耀,圣人之所图也。为是不用而寓诸庸,此之谓以明。③

这里,"为是不用而寓诸庸"作为文本的中介,将"以明"与"因是"明确地关联起来。虽然上下文的语境仍有细致的差别,但二者在观念上显然是相通的。而既然庄子用两个不同的词来表达,则"以明"与"因是"的义趣一定有不同的侧重。

---

① 《庄子发微》,第39页。
② 《庄子纂笺》,第15页。
③ 《庄子纂笺》,第17页。

关键是如何理解"为是不用而寓诸庸"。钟泰说：

> "唯达者知通为一，为是不用而寓诸庸"，"不用"即前云不由。不由者，不由是非。不用者，不用成毁，然是者成之，非者毁之。成毁是非，非有二也。"寓"犹寄也。"庸"，用也，而兼有常义，即《礼·中庸》之庸。"寓诸庸"者，不用而用之。用无固必，故曰寓也。"用也者，通也"，承上"知通为一"言。然上通乃知之通，此通乃用之通，亦微有别，不可不知也。"通也者得也，适得而几矣"，"得"者，中也。"几"者，庶几之几，谓几于道也。"因是已"三字，所以结上文。盖"不用而寓诸庸"云者，正为"因是"作注释也，故特于此点出。①

钟泰这一节疏释极为精细，然而犹有未尽之处。将"不用"释为"圣人不由而照之于天"的"不由"，进而引入"不由是非"之义，看似颇为精妙，其实并无根据。这段注解的最大好处在于把"不用"的对象落在了实处，仅此一点，已远胜于其他各家的游辞浮说了。然而在庄子这节论述中，"不用"的宾语真的是"成毁"吗？达者已知"成毁"之"通为一"，又言不用"成毁"，

---

① 《庄子发微》，第42页。

岂非全无必要的语义重复？借下文的"用也者，通也；通也者，得也"中的"通"字，臆造出"知之通"与"用之通"的区别来，更是思致、文理皆成紊乱：达者知"成毁"之"通为一"，所以不用"成毁"，既已不用"成毁"，则所谓"用之通"又从何谈起呢？从整节的文理脉络看，"然""不然"、"可""不可"和"成毁"都以"道行之而成，物谓之而然"为枢纽。达者既知"复通为一"，又知"成毁"等分别的来由，所以在根源处着手。因此，"不用"的对象应该是"道行之而成"的"行"和"物谓之而然"的"言"。

以"不用而用之"来解释"为是不用而寓诸庸"，亦有浮泛之嫌。实则"庸也者，用也；用也者，通也；通也者，得也"一句，在一般理解中的用与指向"通""得"的用之间做了区分。在《庄子》内篇里，关于用的讨论总是围绕具体的器物展开的。比如《人间世》"匠石之齐"章讲栎社树的"无用"时说："以为舟，则沈；以为棺椁，则速腐；以为器，则速毁；以为门户，则液樠；以为柱，则蠹。"[①] 在庄子的思考中，显然考虑到了器物的材质、形制以及所从属的用的目的。在一般的理解中，器物之为器物的内涵就仅止于此了。而在日常经验止步的地方，庄子的哲学思考才刚刚开始。在器物的材质、形制和所从属的用的

---

① 《庄子纂笺》，第36页。

目的这三个要素当中，最次要的反而是形制。器物之所从出的材质和器物所从属的用的目的都指向个别的存有。《庄子》内篇多次出现的大树的形象，将器物的形制的从属性充分地揭示出来。一般说来，材质和目的两端关联和指向的都是自然的存有，都有超越实际功用之外的自身存续。而形制则完全是从属于实际功用的。在自然与人为的区别中，从属性才是关键所在。关于这一点，我们会在后面的讨论中详尽展开。沉陷在实际功用中的日常经验看不到器物形制的从属性质，从而忽略了用所通达的自然的个别的存有。个别的自然存有总有器物之用无法穷尽的自身存续的倾向。"然""不然"、"可""不可"及"成毁"都是以这种自身存续的倾向为基础的。看到了用的从属性，故能"不用"。而用虽然是从属性质的，但并非幻妄，所以要"寓诸庸"。"道行之而成，物谓之而然"，"行之""谓之"虽从属于自身存续的倾向，却又是必不可无的，所以只能"不用而寓诸庸"。"庸"与一般经验中的用的区别在于"通"。由于"然""不然"、"可""不可"及"成毁"根源于个别存有自身存续的倾向，要想从根本上消解基于这些分别的是非的无尽循环，就只能回到自身存续的倾向这一根基上来。个别存有的自身存续的倾向是"通为一"的，所谓"天地一指也，万物一马也"。真正理解到这一点，才能做到对行与言的"不用而寓诸庸"。"为是不用而寓诸庸，**此之谓**以明"，则"以明"就是对用的从属性以及个体存有之"通为一"的深刻洞察。

"因是"是通过对"彼是"等相互规定又同时并起的对立之间肯定性方面的优先性的揭示，彰显出其肯定性的根源，从而超越"彼是"的偶对，使是非的纷然休止于自然之均平。"以明"则停留在用的层面，通过用所关联的个体的自身存续以及自身存续的个别存有之间的"通为一"，达到对种种对立、分别的相对性和非根源性的显明。庄子在是非的"樊然殽乱"中既看到了"彼是"的偶对产生的根源，又看到了分别、对立的相对性，从而敞开了通向真知的道路，使面向真理的生存成为可能。作为达至真知的环节的"物论"之齐，终归是以"万物与我为一"的齐物为前提和基础的。

第五章　齐物与所待

《庄子·天下》篇在"道术将为天下裂"以下所列六家,[①]皆主齐物。与其他各家有明确社会政治指向的齐物思想不同,庄子的齐物只是通向真知与真理性生存的环节。齐物不是庄子哲学的终极目标,而是打开种种障蔽真知的封执的钥匙。通过齐物,哲学真理的关键所在才得以显露。

一、"劳神明为一"与齐物

我们在前面的讨论中已经谈到了庄子对"劳神明为一"的齐物主张的批评。庄子几乎没有同时代的思想交流,惠施很

[①] 最末一章讲惠施的思想,整章文本结构及风格与前五章完全不同。武内义雄认为:"以下或即北齐杜弼所注惠施篇。本篇上半释文,多引崔音,此下无一引。又列子仲尼篇多与此下文有相似,而张湛注亦不引向秀,则此下半为崔、向所不传,郭象取他本附此。"《庄子纂笺》,第273页。

可能是仅有的例外。关于惠施的思想及其在当时的影响,《庄子·天下》篇述曰:

> 惠施多方,其书五车;其道舛驳,其言也不中。历物之意,曰:"至大无外,谓之大一;至小无内,谓之小一。无厚不可积也,其大千里。天与地卑,山与泽平。日方中方睨,物方生方死。大同而与小同异,此之谓小同异;万物毕同毕异,此之谓大同异。南方无穷而有穷,今日适越而昔来。连环可解也。我知天下之中央,燕之北、越之南是也。泛爱万物,天地一体也。"惠施以此为大,观于天下,而晓辩者。天下之辩者,相与乐之。……辩者以此与惠施相应,终身无穷。桓团、公孙龙,辩者之徒。饰人之心,易人之意;能胜人之口,不能服人之心,辩者之囿也。惠施日以其知与人之辩,特与天下之辩者为怪,此其柢也。……由天地之道,观惠施之能,其犹一蚊一虻之劳者也。其于物也何庸!①

从这一节叙述中,我们至少可以得出如下结论:其一,惠施也有齐物的思想;其二,惠施的齐物思想是其"泛爱万物"的社会政治主张的基础;其三,惠施是名辩之学的首倡者,桓团、

---

① 《庄子纂笺》,第273—275页。

公孙龙等辩者的主题都是对惠施的回应；其四，这一章的作者将惠施之能比作"一蚊一虻之劳"，"一蚊一虻"着眼于其所见之小，"劳"则强调既违背常理又远离至道的名辩之学的徒费心力，这一批评与《庄子》内篇完全一致。《天下》篇的惠施章无法判定是否为庄子本人所作，但其中的论述应该是不无所本的。从《逍遥游》末章惠施所说的"今子之言，大而无用，众所同去"看，惠施对庄子的思想也相当了解，这说明二者之间一定是有过充分的交流和讨论。这恐怕也正是庄子的著述中常常以惠施的思想作为隐形的对话对象的原因吧。

然而，"劳神明为一"与达者的"知通为一"的区别究竟何在呢？《齐物论》中有这样一段既重要又令人费解的话：

> 以指喻指之非指，不若以非指喻指之非指也。以马喻马之非马，不若以非马喻马之非马也。天地，一指也；万物，一马也。①

章太炎《齐物论释》以为："指马之义，乃破公孙龙说。"② 钱穆则说："公孙龙在庄子后，此不当以公孙龙为说。'指'，百体

---

① 《庄子纂笺》，第14页。
② 《章太炎全集》第一辑（六），第21页。

之一;'马',万类之一。此盖泛就'指'、'马'说之。"①根据我们前面对《天下》篇惠施章的分析,惠施既以其说"晓天下辩者",而辩者亦以各种辩题"与惠施相应",则惠施无疑是熟知辩者的各类主张的。《天下》篇罗列的辩者的论题中就有"指不至"的说法。公孙龙的指、马、坚白之论,应该是当时名辩之学共同的问题。《德充符》里庄子批评惠施说:"天选子之形,子以坚白鸣。"②庄子既与惠施有过深入的讨论,自然也对此类论题有足够的了解。《齐物论》这节指、马之论,既不是太炎先生所说的专门针对公孙龙而发,也不是钱穆所说的泛指。其隐含的对话对象仍是惠施。

这一节关于指、马问题的讨论,"指之非指"和"马之非马"是被庄子当作结论接受下来的。庄子不赞同的是达到这一结论的思考和论证过程。这里的"指"显然不是作为"百体之一"的手指的"指",而是名言层面的能指的"指"。指属名言,马属于物,言与物恰是后面"道行之而成,物谓之而然"的核心。庄子认为像辩者那样就指和马的内涵、外延来证明"指之

---

① 《庄子纂笺》,第14页。在《秋水》篇注中,钱穆又说:"公孙龙犹可及见庄子,详见拙著先秦诸子系年。"《庄子纂笺》,第137页。则钱穆对于庄子与公孙龙的关系,前后的意见并不一致。先秦典籍本就有限,中间又多亡佚,不能确凿无疑的,付之阙如可也。不必强立执见。

② 《庄子纂笺》,第47页。

非指""马之非马",并没有足够的说服力。从公孙龙的《指物论》《白马论》等篇看,辩者恰恰是以概念的内涵和外延的复杂关系来展开论辩的。《齐物论》接下来一节,同样难以索解:

> 可乎可,不可乎不可。道行之而成,物谓之而然。恶乎然?然于然。恶乎不然?不然于不然。物固有所然,物固有所可。无物不然,无物不可。故为是举莛与楹,厉与西施,恢恑憰怪,道通为一。①

"可""不可"、"然""不然"以及"成毁"与"指之非指""马之非马"的不同在于有确定的价值取向。这些有价值取向的分别是"行之"和"谓之"的结果。"然""不然"、"可""不可"的根据何在呢?"恶乎然?然于然。恶乎不然?不然于不然",个别的趣舍的根据并不在趣舍之外。既然个体的"然""不然"、"可""不可"并无普遍的根据,且"无物不然,无物不可",也就在根本上没有什么高下之别。在这个意义上,"莛与楹""厉与西施"是"通为一"的。与这类有价值取向的分别不同,指、马属于实际的个别存有。指、马是从非指、非马获得其规定性的,所以,指即非指,马即非马。在庄子看来,惠施等辩者的

---

① 《庄子纂笺》,第15页。

思考和论证都是在"劳神明为一"。指的本质由非指而来,马的本质由非马而来,所以从非指、非马的方面更能揭明"指之非指""马之非马"。既然指即非指,也就等于一切非指都是指;马即非马,则一切非马亦无非是马,所以说"天地,一指也;万物,一马也"。从思考和论证的角度看,庄子的齐物思想显然更为简易直截。当然,更为重要的是,齐物并不是庄子思想的目标。看到"指之非指""马之非马",进而证得"天地,一指也;万物,一马也",其思想的指向在于揭示出有分别的事物之间的"通"来。值得注意的是,此节讲到万物的为一,总是以"通为一"来表达的。从"凡物无成与毁,复通为一"的表述看,这里的"通"只能是动词的用法。既然指即非指、马即非马,则指与非指、马与非马本质上一定是相通的。对"通为一"的揭示,至少彰显出种种看似确定的分别和囿限的相对和偶然。当然,更重要的是,"通为一"的洞见是达到更根本的哲学真理的必由之路。

将有明确自我意识的认知和实践主体引入到齐物的思想当中,对于进一步敞开通向真知的道路而言是必不可少的环节:

> 天下莫大于秋毫之末,而大山为小;莫寿乎殇子,而彭祖为夭。天地与我并生,而万物与我为一。①

---

① 《庄子纂笺》,第17页。

与"然""不然"、"可""不可"、"成毁"一样,小大、寿夭也是"通为一"的。既然"天地,一指也;万物,一马也",一旦把"行之"和"谓之"的主体置于其中,自然也就可以说"天地与我并生,而万物与我为一"了。天地之大,万物之众,不过是"非我"而已。我与非我是相互规定、同时并起的,所以也是"通为一"的。当然,这只是初步的结论。简单地强调我与非我的"为一",并且停留在这样抽象的认识层面上,我们将错失庄子在哲学上更具根源意义的推进。

二、言与一

言说始终是庄子哲学的核心问题。有言说的世界和没有言说的世界有着根本的不同。在庄子那里,的确有从有言说的世界返归没有言说的世界的可能,但那只是极少数有"圣人之才"且有"圣人之道"的至德之人才能达到的。大部分人仍然只能生活在有言说的世界里。庄子理解了"万物与我为一"的道理,但这种理解是通过以言说为形态的思考获得的,并且也是通过言说才能表达出来的。言说在关于万物为一的思考中是无法回避的:

今且有言于此,不知其与是类乎?其与是不类乎?类与不类,相与为类,则与彼无以异矣。虽然,请尝言之。有始也者，有未始有始也者，有未始有夫未始有始也者。有有也者，有无也者，有未始有无也者，有未始有夫未始有无也者。俄而有无矣，而未知有无之果孰有孰无也。今我则已有谓矣，而未知吾所谓之其果有谓乎？其果无谓乎？①

这一节的第一句话里，"不知其与是类乎"的"是"和"与彼无以异矣"的"彼"是应该首先明确的。从上下文的关系看，这里的"是"应该是指此节前面的一段论述，指真正传达出了对真知的某种理解的言论。只要有言论，无论这种言论与前文的闻道或知道之言是否相类，本质上都是一样的。即使不相类，只要两者间是可以类比的，就还是有"相类"之处的。所以从根本上讲，与那些远离真知的言论并无区别。这里"彼"指的是与闻道或知道之言相反的言说，其中当然包括关于指、马、坚白等的辩论。道理虽是如此，还是要试举例证以明之。关于"始"的三种论说，虽然论点截然不同，但在无论如何都无法绕开"始"这个概念上却是完全一致的。关于"有"和"无"的言论也是同样。"俄而有无矣"的"俄而"与"庄周梦为胡蝶"章的"俄然"同义，都是忽然且不知其所由来的意思。有、无不知从何而来。而且只要谈到有、无，那么有、无所谓述的主

---

① 《庄子纂笺》，第17页。

词又是什么呢？"我"既然已经有所谓说，那么"我"谓说出来的东西真的有所谓吗？

在复述指、马一节万物皆"通为一"的结论并引入我与非我的概念后，庄子引入了关于言说出来的一与本来的一之间的复杂关系的思考：

> 既已为一矣，且得有言乎？既已谓之一矣，且得无言乎？一与言为二，二与一为三。自此以往，巧历不能得，而况其凡乎！故自无适有，以至于三，而况自有适有乎！①

言说出来的一与万物本来的一不同，所以是两个一。而这两个一又"复通为一"，所以有了三个一。② 在言说出来的一与万物的本一之间的一，必定仍在言说和思想当中。因为如果是无言的默会，则与最初言说出来的一也一并消去了，那样一来，也

---

① 《庄子纂笺》，第17—18页。

② 关于"二与一为三"，历来解者颇多揣测，然皆不得要领。比如，船山说："一尚不立，何况自二而三乎？气机之作止，与无作无止者始离而为二；作与止又自别而为三。"这是以无作无止与作、止凑合为三。《老子衍·庄子通·庄子解》，第96页。又如，钟泰说："'一与言为二，二与一为三'，即老子所谓'道生一，一生二，二生三'也。'自此以往，巧历不能得，而况其凡乎'，所谓三生万物也。"《庄子发微》，第48页。凭空引入文本中没有的概念或主题，敷衍附会，做勉强生硬的解释，是这一节的各种注释的通病。虽往往亦自成条贯，然于此节之文义和思理，均失之远矣。

就根本谈不上"二与一为三"了。既然第三个一也在言说之中,则其与万物的本一之间就落入到更为复杂的关系里。所以说,"自此以往,巧历不能得"。从无分别的一出发,尚且产生三个一的复杂关系。何况从有分别的有出发呢?以言遣言,是无论如何都没有出路的。真正要达到齐物,唯有忘言一途。然而忘言者终归于沉默,其所知见不再会进入言说和思想的世界。未能无言的闻道者和知道者之所以是必要的,正在于至德之人与言说世界的隔绝。而这也正是庄子著述的意义所在。

三、物 化

以梦觉喻死生,将梦蝶故事解读为庄子对生死问题的领会,并以之为齐物之一义,是理解《齐物论》最后一章的一般趣向。郭象《庄子注》云:"夫时不暂停,而今不遂存,故昨日之梦,于今化矣。死生之变,岂异于此,而劳心于其间哉!"[①]成玄英《疏》亦曰:"而庄生晖明镜以照烛,〔泛〕上善以遨游,故能托梦觉于死生,寄自他于物化。"[②]然而,细检《庄子》内篇,我们却并不能找到以梦觉喻生死的例证。《庄子》内篇能够

---

① 《庄子集释》,第113页。
② 《庄子集释》,第112页。

将梦与生死问题关联起来的,主要有两处:其一是《齐物论》"瞿鹊子问乎长梧子"章;其二是《大宗师》"颜回问仲尼"章。这两处的郭象《注》都引入了生死问题的思考。① 而事实上,这两章中的《庄子》文本,都没有直接将觉梦与生死问题关联起来。"瞿鹊子问乎长梧子"章,以"弱丧"忘归和"丽之姬"适晋的前后变化论"恶死""蕲生"之惑,其中梦觉一段言论,承续的是前文"而丘也何足以知之"②。"颜回问仲尼"章论孟孙才明生死之理,而"吾特与汝其梦未始觉者邪"是文本中的孔子在讲颜回与自己尚惑于斯理,并无以觉梦喻死生之义。

在《庄子》全书中,梦与生死问题联系最密切的是外篇《至乐》的"庄子之楚,见空髑髅"章。此章从叙事结构看,完全是对《人间世》"匠石之齐"章的模仿,应该是后世学庄者的作品。然而,即使在这一章,也只是通过"髑髅见梦"引出以死为至乐的议论,并没有以梦觉来喻指死生。事实上,《庄子》中用来喻指生死的并不是梦觉,而是昼夜:

---

① 对于《齐物论》"梦饮酒者"一节,郭《注》曰:"此寤寐之事变也。事苟变,情亦异,则死生之愿不得同矣。故生时乐生,则死时乐死矣,死生虽异,其于各得所愿一也,则何系哉!"《庄子集释》,第105页。对于《大宗师》"吾特与汝其梦未始觉者邪",则注曰:"夫死生犹觉梦耳,今梦自以为觉,则无以明觉之非梦也;苟无以明觉之非梦,则亦无以明生之非死矣。"《庄子集释》,第276页。

② 《庄子纂笺》,第21页。

> 死生，命也；其有夜旦之常，天也。(《大宗师》)①
> 生者，假借也，假之而生；生者，尘垢也。死生为昼夜。(《至乐》)②

昼夜之喻与梦觉之喻，表面上似有关联，其实是有着本质区别的：昼夜是外境的变化，梦觉则是主体境域的不同。

然而，自郭象《庄子注》依此立说，后世学者多为其笼罩。③章太炎《齐物论释》自立一家之言，亦以梦觉论死生：

> 觉梦之喻，亦非谓生梦死觉，大觉知大梦者，知生为梦，故不求长生；知生死皆梦，故亦不求寂灭。④

虽然"知生死皆梦"较之"谓生梦死觉"所造深浅不同，但皆错会庄子宗旨，其失一也。

《大宗师》"颜回问仲尼"章的主题与《齐物论》末章是有着密切关联的：

---

① 《庄子纂笺》，第52页。
② 《庄子纂笺》，第143页。
③ 当然，也有一些注者对此章的释读与此异趣。参见吕惠卿《庄子义》、林希逸《庄子鬳斋口义》、王夫之《庄子解》等。
④ 《章太炎全集》第一辑（六），第53页。

仲尼曰:"夫孟孙氏尽之矣,进于知矣。唯简之而不得,夫已有所简矣。孟孙氏不知所以生,不知所以死;不知就先,不知就后。若化为物,以待其所不知之化已乎!且方将化,恶知不化哉?方将不化,恶知已化哉?吾特与汝其梦未始觉者邪!且彼有骇形,而无损心;有旦宅,而无情死。孟孙氏特觉人哭亦哭,是自其所以乃。且也相与吾之耳矣,庸讵知吾所谓吾之乎?且汝梦为鸟而厉乎天,梦为鱼而没于渊。不识今之言者,其觉者乎?其梦者乎?造适不及笑,献笑不及排,安排而去化,乃入于寥天一。"①

此节的主题几乎是"庄周梦为胡蝶"章的重复,而语境更为丰富:其一,"梦为鸟而厉乎天,梦为鱼而没于渊"与"梦为胡蝶",所述梦境虽异,其思想指向却是相同的;其二,种种"不知"的强调,与"不知周之梦为胡蝶与,胡蝶之梦为周与",只有详略之异;其三,"若化为物,以待其所不知之化已乎",与"梦蝶"章结尾的"此之谓物化",可以相发明。

当然,"颜回问仲尼"章也有"梦蝶"章没有出现过的概念——"待"。而"待"恰好是"梦蝶"章前面的"罔两问景"章的关键词。由此,《齐物论》末尾两章看似并不相关的主题,在这一章里建

---

① 《庄子纂笺》,第59—60页。

立起了某种内在的联系。

《齐物论》末章：

> 昔者庄周梦为胡蝶，栩栩然胡蝶也。自喻适志与！不知周也。俄然觉，则蘧蘧然周也。不知周之梦为胡蝶与，胡蝶之梦为周与？周与胡蝶，则必有分矣。此之谓物化。①

"梦蝶"章第一个层次里，有两个突出强调的"不知"。而两个"不知"中间，则隐含着一个不易察觉的"知"。梦为蝴蝶之时，蝴蝶是不知有庄周的。这是一个确定的"不知"。醒来以后，惊觉自己还是庄周。与梦为蝴蝶时不同，此时的庄周，是知道"昔者"的蝴蝶之梦的。然而，这里的"知"是值得怀疑的，因为无法证明自己此刻不在梦中。既然无法确证醒来后的庄周不在梦中，则无法确证此时的庄周不是蝴蝶所梦。由此引出第二个强调性的"不知"。这个"不知"是无法证明意义上的"不知"。

关于知的不确定性，庄子有极为深刻的认识：

> 知天之所为，知人之所为者，至矣。知天之所为者，天而生也；知人之所为者，以其知之所知，以养其知之所

---

① 《庄子纂笺》，第23页。

不知，终其天年，而不中道夭者，是知之盛也。虽然，有患。夫知有所待而后当，其所待者，特未定也。庸讵知吾所谓天之非人乎？所谓人之非天乎？①

在庄子那里，即使是天人之分这样看似确定的知识，也在根本上是缺乏确定性的。这样一来，似乎只有对"不知"的知是确然无疑的，其他的肯定性的知都没有无可置疑的真理性。

然而，《齐物论》末章却由"不知周之梦为胡蝶与？胡蝶之梦为周与"引出了无比确定的认识："周与胡蝶，则必有分矣。"对于"周与胡蝶，则必有分矣"，郭象做了引申性的注释：

> 夫觉梦之分，无异于死生之辩也。今所以自喻适志，由其分定，非由无分也。②

值得注意的是，郭象首先将这里的"分"字解释为"分别"，但随后又引入了"性分"这一层意思。

将"必有分矣"中的"分"与"性分"的涵义联系起来，这样的解读取向也影响了后世的学者。比如，王叔岷就做了这

---

① 《庄子纂笺》，第49页。
② 《庄子集释》，第113页。

样的解读和发挥：

> 案庄周梦为胡蝶，忘其为庄周。庄周与胡蝶，各有其自然之分也。各有其自然之分，则在觉适于觉，在梦适于梦矣。①

强调万物皆有"自然之分"，在义理上并无不妥，但于文本则偏离甚远。

"分"的概念，是庄子思考的一个重要环节。就"分"与"成"的关联，《齐物论》中有这样一段阐述：

> 故为是举莛与楹，厉与西施，恢恑憰怪，道通为一。其分也，成也；其成也，毁也。凡物无成与毁，复通为一。②

在万物生生的过程中，事物之间分别开来，才各自成为某个具体的物。从这个角度看，是"成"；而从另外的角度看，则是

---

① 《庄子校诠》，第96页。
② 《庄子纂笺》，第15页。《庚桑楚》篇有一段基本相同的论述："道通，其分也，〔成也〕；其成也，毁也。所恶乎分者，其分也以备；所以恶乎备者，其有以备。"《庄子纂笺》，第189页。

"毁"。① 成与毁的相对性，同时也就意味着是非的相对性。然而"分"的界限是真实的，尽管并非恒久不变。

正是由"不知周也"和"不知周之梦为胡蝶与，胡蝶之梦为周与"这两个确定无疑的"不知"，才得出"周与胡蝶则必有分矣"这一确定无疑的知。因为，如果当梦为蝴蝶时，仍然知道自己是庄周，醒觉之后，又确定无疑地知道蝴蝶之境仅仅是梦境，那么，"栩栩然胡蝶"的生存境域与"蘧蘧然周也"的生存境域就是相通相融的了，也就不能确定地得出"周与胡蝶则必有分矣"的结论。

对于此章结尾所说的"此之谓物化"，郭象注曰：

> 夫时不暂停，而今不遂存，故昨日之梦，于今化矣。死生之变，岂异于此，而劳心于其间哉！方为此则不知彼，梦为胡蝶是也。取之于人，则一生之中，今不知后，丽姬是也。而愚者窃窃然自以为知生之可乐，死之可苦，未闻物化之谓也。②

---

① 《庚桑楚》篇有一段文字与此相近，而语意更为完整，且别具深致。陆长庚疑杂篇为"庄子平生绪言，掇拾于内、外篇之后者"，是很有见地的。参见《庄子纂笺》，第183页。

② 《庄子集释》，第113页。

成玄英《疏》的旨趣与此相同:"夫新新变化,物物迁流,譬彼穷指,方兹交臂。是以周蝶觉梦,俄顷之间,后不知前,此不知彼。而何为当生虑死,妄起忧悲!故知生死往来,物理之变化也。"① 我们前面已辨明此章主题与生死问题并无直接的关联。关于"物化"之旨,亦当别寻正解。

在整体概括这一章的宗旨时,成玄英《疏》中有一个值得注意的区分:

> 而庄生晖明镜以照烛,〔泛〕上善以遂游,故能托梦觉于死生,寄自他于物化。②

与后面将"物理之变化"与"生死往来"关联起来不同,在这一段疏释当中,成玄英点明"物化"之说关注的主要是"自他"的问题。

在前面的解析中,我们指出:此章恰恰是通过两个"不知",证明了"周与胡蝶则必有分矣"。然而,这两个"不知"是有区别的。"梦为胡蝶"时的"不知周也"是完全意义上的不知,而"不知周之梦为胡蝶与,胡蝶之梦为周与"则是知道自

---

① 《庄子集释》,第114页。
② 《庄子集释》,第112页。

己刚刚"梦为胡蝶",只是无法证明自己不是蝴蝶所梦的思辨意义上的不知。后者尤具深意。

若觉醒之后完全不知曾经梦为蝴蝶,就像"梦为胡蝶"时的"不知周也",则不同生存境域之间就完全隔断了。这样的话,最多能够确证的只是"必有分矣"。而恰恰是后一个"不知"——既知道自己"昔者梦为胡蝶",又无法证明自己此时不是蝴蝶所梦,才能确证每一生存境域都从另外的物境转化而来。"自"的境域必从"他"的境域而来,这才是"物化"的宗旨所在。

既然一切"自"的境域皆自"他"的境域而来,则自我正处身其中的境域之外必有别的境域的存在。由此,《齐物论》中的"物化",非但没有否定外境,反而证明了与自我有别的外境的存在。

四、觉与梦

无法证明自己是醒觉的,是证明客体存在的根本障碍。因为,如果我们能够确定地知道自己不在梦中,就如日常经验那样,则即使难免有幻相或错觉,外境的真实性仍是无可置疑的。然而,日常经验上的承认并不能等同于哲学上的证实:

> 梦饮酒者,旦而哭泣;梦哭泣者,旦而田猎。方其梦也,不知其梦也。梦之中又占其梦焉,觉而后知其梦也。且有大觉,而后知此其大梦也。而愚者自以为觉,窃窃然知之。君乎,牧乎,固哉!丘也,与女皆梦也;予谓女梦,亦梦也。是其言也,其名为吊诡。万世之后而一遇大圣,知其解者,是旦暮遇之也。①

在长梧子这段话里,有三种对梦境的认知:其一,完全不知道自己在梦中,以为自己是醒觉的;其二,以为自己已经从梦里醒来了,其实不过是"梦之中又占其梦";其三,"大觉",也就是真正醒觉了的。而"大觉"也只是知道"此其大梦也"。这里的"此"应该是指整体的人生境域。"大觉"也只是知一切皆梦。换言之,并没有所谓完全醒觉的境域。所以,长梧子才说"予谓女梦,亦梦也"。在庄子的哲学里,梦的境域与觉的境域是有同构性的。而这一同构性的核心就是不知。即使知道一切皆梦的人,也不知道身处其中的境域的由来。"梦饮酒""梦哭泣""梦为胡蝶""梦为鱼""梦为鸟",既然皆不知其所由来,则亦无自觉和自主可言。生存境域中无往而不在的被动性,从整体上被揭示为客体的本质。

---

① 《庄子纂笺》,第21—22页。

五、使与彼

正如我们前面讨论过的那样,《齐物论》首章之所以从"吾丧我"引出"天籁"的问题,关键在于"形固可使如槁木,心固可使如死灰"当中的"使"。颜成子游误以为南郭子綦的"苔焉似丧其耦"是自主、自觉的,而南郭子綦则告之以"夫吹万不同,而使其自己",鼓动万类者"使"万物"自己"。这个"使"字凸显出万物的"自己"在根本上的被动性。在《齐物论》后面的展开中,"使"与"真宰"一道出现在正面的论述里:

> 非彼无我,非我无所取。是亦近矣,而不知其所为使。若有真宰,而特不得其朕。①

这一节中的"取"和"使"提示出与首章关于天籁的论述的密切关联。从"而不知其所为使"这一表述看,彼、我的对待是有其"所为使"的,只是这个"使"者是什么我们无从得知。《庄子·则阳》篇有少知与大公调关于"或使"和"莫为"的讨论,在主题上是对《齐物论》的接续。《则阳》篇这一章虽然不是庄

---

① 《庄子纂笺》,第11页。

子本人所作,却真正看到了"使"在庄子哲学中的意义。①

"使"的问题与"待"的概念不无关联。《齐物论》"罔两问景"章将与"待"有关的讨论强调和凸显出来:

> 罔两问景曰:"曩子行,今子止;曩子坐,今子起;何其无特操与?"景曰:"吾有待而然者邪?吾所待又有待而然者邪?吾待蛇蚹、蜩翼邪?恶识所以然?恶识所以不然?"②

正如我们前面讨论过的那样,庄子以罔两和景的依附性凸显出了"待"的关系。罔两待景,景待形,而形亦不过是"蛇蚹""蜩翼"——生命一时的暂寄、可以蜕离的残余。形之所待又是什么呢?这个问题自然牵带出"百骸、九窍、六藏"与"真君"的关系。我们在前面谈到过,"其有真君存焉"一句不是问句,因为无论"求得其情"与否,都不能"益损其真"。形的所待超越于形,所以必定是无形的。无形者终归是不可知的。

"待"与知的关系在《齐物论》另外一节中也有明显的体现,值得注意的是,在这一段论述里,"待"的对象被明确为"彼":

---

① 《则阳》篇讲"季真之莫为,接子之或使",则"或使"与"莫为"的讨论或是当时共通的哲学话题。庄子的思考当中,隐含了与时代思考的对话关系。《庄子纂笺》,第217—218页。

② 《庄子纂笺》,第23页。

> 然则我与若、与人,俱不能相知也,而待彼也邪?①

个体之间本质上是无法相知的,所共同的只剩下"待彼"。作为每一个"我"的他者的"彼"站在知的另一边,只能从"我"的"待"的被动性当中窥见痕迹。

"彼"作为概念,在《齐物论》中分别与"是"和"我"相对。在具体的论述中,两组对待而起的概念之间的关系是有细微差别的:

> 乐出虚,蒸成菌。日夜相代乎前,而莫知其所萌。已乎,已乎!旦暮得此,其所由以生乎!**非彼无我**,非我无所取。是亦近矣,而不知其所为使。若有真宰,而特不得其朕。可行已信,而不见其形。有情而无形。②

> 物无非彼,物无非是。自彼则不见,自知则知之。故曰:**彼出于是**,是亦因彼,彼是方生之说也。③

在前面的论述中,我们对"旦暮得此"的"此"做了强调性的解读,认为这个"此"是前文当中不知其所由来的种种的根由。

---

① 《庄子纂笺》,第22页。
② 《庄子纂笺》,第11—12页。
③ 《庄子纂笺》,第13页。

而这个"此"本身也是不知其所由来的。上面两段文本的不同在于:"非彼无我"似乎强调了"彼"的根源性,而"彼出于是"则凸显"是"为根本。正是这一差别引导我们深入文本的内在肌理,从而使庄子精微的思辨得以彰显。前一节之所以从"彼"出发,是由于上下文中的"莫知其所萌"和"不知其所为使"。在"此"以及源出于"此"的"我"当中,亦处在根本意义上的"不知"的境地。在"此"和"我"当中所不知的,难道不就是"彼"吗?由于"不知"的确定无疑,所以这个"彼"一定是根源性的。后面一节以"是"为根本,是因为前一句的"自彼则不见,自知则知之"。在"此"或"是"当中的"我"既自知其为"我",则与这一自知的"我"相对应的"彼"也就随之而起。这一与自知的"我"相对应的"彼"也是自知的。"彼"与"我"各自自知而不能相知,这个意义上的"彼"与前面"非彼无我"的"彼"并不在同一个层面上,后者才是根源性的。作为"此"或"我"的根源的"彼"和与"我"相对的自知的"彼"虽然是不同层面的,但既同称为"彼",也就在本质上有相通之处,其相通之处就在于都是从"我"和"知"的另一面得到确证的。作为"我"和"知"的另一面,"彼"呈显出本质的客体性。

以无法证明也无须证明的在"此"的主体的直接性作为达到真知的确定的基石,在哲学思考的诸多道路当中,是最少假设的一条。在一个百家争鸣的时代,所有的哲学思考都不得不提供更强有力的自我辩护。庄子如此,孟子也是如此。细致考察孟子的哲学进路,我们将发现其与庄子的思理在结构上的同质性。孟子对人性的深刻洞察并非出于经验的概括,而是哲学思辨的结果:

> 尽其心者,知其性也。知其性,则知天矣。存其心,养其性,所以事天也。殀寿不贰,修身以俟之,所以立命也。①

理解"尽心"章的关键之一是明确孟子哲学中"尽心"的涵义。在回答公都子大人、小人之问时,孟子说:"耳目之官不思,而蔽于物,物交物,则引之而已矣。心之官则思,思则得之,不思则不得也。"② 耳目这样的感官的"不思",其具体内涵在于拘蔽和被动。感官经验总有其无法超越的限界,所以,一定是"蔽于物"的。而如果离开了心的作用,耳目就会听而不闻、视而不见,所以本质上是被动的。与耳目这样的感官不同,"心之官则思",因此,"思"一定是超越和主动的。"思则得之,不思则不得",意味着思与所思对象之间的必然关联。如果所思的对

---

① 《四书章句集注》,第356页。
② 《四书章句集注》,第341页。

象不在思之内，就不可能有这样的必然联系。而所思的对象在思之内也就意味着思以自身为对象，这样一来，"思则得之，不思则不得"的必然性就根植于思与所思对象的同一。"尽心"章的"尽其心者，知其性也"，容易被误读为"尽其心则知其性"。实际上，两者之间是有本质区别的。从"者……也"这样的句式看，孟子要强调的是"尽心"与"知性"的同一性，二者之间并没有一个推知的过程。"尽心"的同时，作为人的本质倾向的"性"就充分呈显出来了。"尽心"就是心的思的作用的充分发挥，其实也就是心的超越性和主动性的完整实现。由此可知，在孟子那里，人的本质倾向或者说人性其实就是人不得不有的主动性。"尽其心者，知其性也"是从人的主体的直接性出发的，并且从思辨的角度看，仍未能超出主体的范围。因此，"知其性，则知天矣"的推知过程就格外重要和关键了。人的本质倾向就是人不得不有的主动性。由于这根本意义上的主动性又恰恰是人的不得不，所以，在根本上是被动的主动性。既然作为人的本质倾向的主动性是根本上被动的，所以，只能是相对的主动性。而由此相对的主动性出发，可以推知绝对的主动性的存在。绝对的主动性一定是绝对待的，因此是唯一的和普遍的。绝对的、普遍的、唯一的主动性就是"天"。这样一来，孟子就由心的主体性出发，达到了对绝对客体的确证。由于绝对客体就是绝对的主动性，所以同时也就是绝对的主体。在孟子那里，天人是一贯的。

与孟子一样，庄子也是从最切近的"是"或"此"出发的。"是"或"此"是"我"或"吾"的根源，但并不能将二者等同起来。在庄子那里，"我"或"吾"是"吾之"的结果："且也相与吾之耳矣，庸讵知吾所谓吾之乎？且汝梦为鸟而厉乎天，梦为鱼而没于渊。不识今之言者，其觉者乎？其梦者乎？"①《大宗师》这一节与《齐物论》末章的密切关联，我们在前面已经做了充分的讨论。事实上，由于涉及"吾"的概念，此节不仅与《齐物论》末章有关，也与《齐物论》首章有明显的指涉关系。正因为"我"或"吾"是"吾之"的结果，所以，只有通过"吾丧我"才能使"吾"或"我"的根基呈露出来。"吾"或"我"由"吾之"的自我设定而来，但作为其基础的"此"或"是"却不是任何设定的结果。仔细考察《庄子》内七篇概念的展开次序，我们将会发现庄子思想推进的审慎和严密。比如，天、人的概念，是到了《养生主》才完整出现的。由于《齐物论》总体而言是庄子哲学根本思理的呈现，其关键概念不得不停留在最抽象的层次。"此"或"是"作为最抽象的主体概念，是通过剥离明确的自主和自觉的意识得到的。当然，尽管经过了这样的剥离，"此"或"是"仍是主体性的，这一主体性体现为始

---

① 《庄子纂笺》，第59—60页。

终与"此"或"是"相伴随的知。知是无论如何无法从"此"或"是"当中剥离掉的,因为无论是知还是不知,说到底还是知。

任何"此"或"是"都在根本性的"不知"当中:不知其所由来。这一根本性的"不知"直接将作为"此"或"是"的根源的"彼"确定下来。由于"不知"说到底还是知——知道自己不知道,由"不知"确证并呈显出来的"彼"也就并不在"此"或"是"之外。"此"或"是"既自知其为"此"或"是",则必然产生出与之相对待的"彼"。这一层次的"彼"与"此"或"是"相对待,所以有可知的一面,而这可知的一面其实不过是自知的某种投射,从根本上讲,是"俱不能相知"的。至此,客体的存在在最抽象的层次上得到了证明。与此同时,客体的本质也得到了最初步的彰显。由于"此"与"彼"通为一,所以"彼"也是主体性的。由于无论哪个层次的"彼"在根本上都是不可知的,不可知则不在主体掌控的范围内,因此是无可奈何的。当然,这一对客体本质的初步彰显仍是空洞和抽象的,其在生活世界的具体内涵有待进一步地丰富和展开。

第六章　全性与死生

由挣脱世用的束缚的逍遥而来的大知的视野，使得看似确定的知与是非的无根据性有了被揭示出来的可能。庄子以此为基础，通过无囿限的质疑和追问，将各种概念层面的假设和附加剥离开来，从而在最抽象的意义上彰显出存在的基本结构和真理。然而，真知不能仅仅停留在抽象的层次上，必须还原到生活世界的整全当中来，才能在具体而丰富的实践指向中敞开通往真理性生存的道路。

一、缘督以为经

人的本质上的无知处境，是庄子哲学展开和推演的关键。对根本性的不知的知，引导出对待世界和人生的真正理性的态度：

> 吾生也有涯，而知也无涯。以有涯随无涯，殆已；已而为知者，殆而已矣。为善无近名，为恶无近刑，缘督以为经。可以保身，可以全生，可以养亲，可以尽年。①

庄子从知的无限性来凸显人必然的无知。这里的知主要是可积累的经验知识。经验知识的无限性在哲学上是以世界的无限为基础的。关于世界的无限，庄子没有明确的论述。但从"以游无穷者""万化而未始有极也"之类的表述看，庄子眼中的世界是无穷无尽的。关于如何从存在的基本结构推论出世界的无限，我们在后面会有专门的讨论。知的无限性意味着无论通过怎样的积累，人都不可能拥有对经验世界的"全知"。以人的注定是局部和有限的知来支配自己的人生，其实是受不可知的无限之知的支配而不自知，这当然是危险的。而竟然认为自己是"知者"，就极其危险了。②"为善无近名，为恶无近刑"，重点

---

① 《庄子纂笺》，第25页。

② "已而为知者，殆而已矣"一句，郭象注曰："已困于知而不知止，又为知以救之，斯养而伤之者，真大殆也。"《庄子集释》，第116页。郭象显然注意到了"而已矣"这样的语气辞，故以"真大殆也"解之。详味郭《注》的语脉，郭象将"为知"连读，并解释为"求知"的意思。问题是，"求知"怎么就更加危险了呢？这句话的发语辞"已而"是庄子的习用语，如《齐物论》中的"已而不知其然，谓之道"。从相关的上下文看，"已而"有最终的、根本上的意思。"已而为知者"应该义解为"从根本上认为自己是'知者'"。换言之，也就是完全不知道自己的无知的人。这样的人当然是极其危险的。这句话指涉的应该还是惠施。（转下页）

不在于"为善""为恶"。人世的善恶标准有太多部分是出于人为的设定,并无根本的依据。在庄子生活的时代,生存境遇的种种危险毫无遮掩地暴露出来,最审慎和周全的态度莫过于既不"近名"也不"近刑"。联系《人间世》中对生存危险的强调、《德充符》里一连串"刑余"的兀者的形象,我们不难从中读出"如临深渊,如履薄冰"的戒惧。"缘督以为经",郭象注曰:"顺中以为常也。"① 持守中道以为恒常,是真正理性的人生态度。

值得注意的是,庄子的中道观与审慎、戒惧是紧密关联的。这与《中庸》首章对"戒慎乎其所不睹,恐惧乎其所不闻"的强调并无二致。戒惧与中道,都是以人的本质的无知处境为基础的。正由于根本上的不知,才有了审慎地持守分寸的必要。如果人有可能达到"全知",那么,审慎和持中就至少不是必需的了。

在这一章里,"养生"的内涵被具体化为"可以保身,可以全生,可以养亲,可以尽年"。这里的"全生",钟泰解为"全

(接上页)《天下》篇讲惠施:"南方有倚人焉,曰黄缭,问天地所以不坠不陷、风雨雷霆之故。惠施不辞而应,不虑而对,遍为万物说;说而不休,多而无已;犹以为寡,益之以怪。……惜乎!惠施之才,骀荡而不得,逐万物而不反,是穷响以声,形与影竞走也。悲夫!"《庄子纂笺》,第275页。从这样的描述看,惠施自认为是知者,对知的无限性以及人的本质的无知处境全无理解。

① 《庄子集释》,第117页。

性"。① 郭象《注》曰："夫养生非求过分，盖全理尽年而已矣。"② 在郭象那里，理通常是指"性分"或"理分"。此节注释中，"过分"与"全理"相对，"过分"即过其理分，"全理"则是全其理分，理与分是可以互释甚至是互换的。"全理"即是"全分"，而人的"性分"或"理分"中，当然有"养亲"的内涵。所以，成《疏》说："外可以孝养父母，大顺人伦，内可以摄卫生灵，尽其天命。"③ 王叔岷认为："此言养生之义，忽及'养亲'，与上言'保身''全生'、下言'尽年'，皆不类。亲当借为新，《书·金縢》：'惟朕小子其新逆'，《释文》引马融本新作亲，即二字通用之证。下文庖丁解牛十九年，而刀刃若新发于硎。正所谓'养新'也。"④ 这是以揣测的庄子养生义而强生新解了。《人间世》："子之爱亲，命也，不可解于心"⑤，显然是以对父母的牵挂为人内在固有的本性。《大宗师》："父母于子，东西南北，唯命之从。阴阳于人，不翅于父母"⑥，则更是将子女对父母"唯命之从"的必然性置于阴阳二气的作用之上了。正因为有"养亲"这一

---

① 《庄子发微》，第66页。钱穆引吴汝纶说，亦曰："'生'读为'性'。"《庄子纂笺》，第25页。
② 《庄子集释》，第117页。
③ 《庄子集释》，第117页。
④ 《庄子校诠》，第101页。
⑤ 《庄子纂笺》，第34页。
⑥ 《庄子纂笺》，第57页。

维度，庄子的养生才不至于局于封闭的个体生命，而是指向了包含与他者之间关联在内的性命的整全。个体性的"此"或"我"总有其朝向根源的指向。虽然从根本上讲，"此"或"我"是不知其所由来的；但在实际的生命历程中，父母是最切己的"绝对他者"，对父母的牵挂是"不可解于心"的本质倾向。因此，"养亲"是"全理尽年"必不可少的一个方面。

对于庄子来说，"保身""全性""养亲""尽年"是个体的在世的基本内涵，过此以往，都是额外的负累和添加。

二、天理固然

"庖丁解牛"的故事中，一直被忽略的人物是"文惠君"。"文惠君，崔、司马云：'梁惠王也。'"[①] 钟泰认为："'文惠君'，当如《孟子》费惠公之流，受封于大国者，故称曰君。崔譔、司马彪以为即梁惠王，殆不然也。《竹书》：惠王复谥惠成；未闻有惠文之谥也。"[②]《庄子》内七篇里涉及的多是前代的君王，最接近庄子时代的是鲁哀公。作者在著述中完全不涉及同时代的君主，可能性极小。考虑到庄子与惠施的关系，而惠施又曾

---

① 《庄子校诠》，第102页。
② 《庄子发微》，第67页。

经有"相梁"的经历,崔譔、司马彪认为"文惠君"就是梁惠王应该是有根据的。梁惠王在那个时代算得上是有为之君,然而"东败于齐,长子死焉;西丧地于秦七百里;南辱于楚"①。考虑到这些情况,庖丁对梁惠王的答问里,应该有讽谏的含义。君主身边身份低微的人以看似不着边际的话讽喻,这样的叙事手法恐怕正是庄子开了先河的。这种风格应该也影响了韩非子。《韩非子·内储》篇:

> 卫灵公之时,弥子瑕有宠,专于卫国。侏儒有见公者曰:"臣之梦践矣。"公曰:"何梦?"对曰:"梦见灶,为见公也。"公怒曰:"吾闻见人主者梦见日,奚为见寡人而梦见灶?"对曰:"夫日兼烛天下,一物不能当也。人君兼烛一国,一人不能壅也。故将见人主者梦见日。夫灶,一人炀焉,则后人无从见矣。今或者一人,有炀君者乎?则臣虽梦见灶,不亦可乎!"②

从讽喻的角度理解"庖丁解牛"章,我们可以看到此章与《人间世》第一章的指涉关系。《人间世》首章的卫君"轻用其国",

---

① 《四书章句集注》,第 205—206 页。
② 陈奇猷:《韩非子新校注》,上海:上海古籍出版社,2000 年 10 月,第 570—571 页。

与梁惠王的"好战"正相符合。庄子真是"天下之至慎者"。提及同时代的君主，则以卑微之人进隐约之谏。正面批评暴虐的统治，则依托前代的人物。"已乎已乎，临人以德！殆乎殆乎，画地而趋！迷阳迷阳，无伤吾行！吾行郤曲，无伤吾足！"[1] 人间世的险恶，庄子是深知的。

对于梁惠王"技盖至此乎"的误解，庖丁答曰："臣之所好者，道也，进乎技矣。"进而以解牛之道进微谏之言：

> 始臣之解牛之时，所见无非牛者。三年之后，未尝见全牛也。方今之时，臣以神遇，而不以目视，官知止而神欲行。依乎天理，批大郤，导大窾，因其固然。技经肯綮之未尝，而况大軱乎！良庖岁更刀，割也；族庖月更刀，折也。今臣之刀，十九年矣；所解，数千牛矣。而刀刃若新发于硎。彼节者有间，而刀刃者无厚；以无厚入有间，恢恢乎，其于游刃，必有余地矣。是以十九年而刀刃若新发于硎。虽然，每至于族，吾见其难为，怵然为戒，视为止，行为迟。动刀甚微，謋然已解，如土委地。提刀而立，为之四顾，为之踌躇满志，善刀而藏之。[2]

---

[1] 《庄子纂笺》，第39页。
[2] 《庄子纂笺》，第26页。

最初的阶段,庖丁对于牛的肌理尚未了然,故"所见无非牛者"。三年以后,由于已经完全了解了牛的一般结构,眼中所见皆筋节骨间,故"未尝见全牛"。这两个阶段都在"见"或"目视"的层次,是感官知识与实践经验的积累。这个程度的知对应的是庖丁所说的"技"的层面。这个层面的知是分解性的,看起来有较强的具体性和确定性。由分解性而来的具体和确定的印象,给对待事物的技术性态度以根本性错觉:一切都是可以掌控的,之所以人们现在还不能掌控一切,只是因为经验的知的积累还不够充分。这种可以掌控一切的错觉,使得被技术宰制的世界里人们从根本上忘掉了自己本质上的无知处境,进而丧失了对充满不测的世界的敬畏。梁惠王之所以会将庖丁所造之境误解为"技",应该是对这种掌控"心有戚戚"。从《孟子》里面的相关记载看,作为那个时代试图有所作为的君主,梁惠王是有着极强的自信的。正是这种对掌控力的自信,使得《孟子》里面自以为"尽心"了的梁惠王,不能理解为什么"邻国之民不加少,寡人之民不加多"[①]。那个时代君主的自我理解,在《德充符》中借鲁哀公的话充分表达出来:"始也,吾以南面而君天下,执民之纪而忧其死,吾自以为至通矣。今吾闻至人之言,恐吾无其实,轻用吾身,而亡吾国。吾与孔丘,非君臣

---

① 《四书章句集注》,第203页。

也,德友而已矣。"① 即使在这段貌似自省的话里,鲁哀公也是径称孔子为"孔丘",且自居"德友"。庖丁对梁惠王的讽喻,即在于对这种自我掌控的错觉的提醒。庖丁的"进乎技矣",根本体现在"神遇"对"目视"的超越。这一超越的具体体现是"官知"止而"神欲"行。"官知"总是分别的,相对而言是具体和确定的,而"神欲"则是混然无分,而且是不知其所以然而然的。"神欲"之行并不因其混然无分而错失了条理,反而恰恰能"依乎天理""因其固然"。值得注意的是,"进乎技矣"并不是与"技"无关的。如果没有前面"所见无非牛者"到"未尝见全牛"的知和经验的积累,是不可能达到"以神遇而不以目视"的高度的。庄子并没有告诉我们如何超越"技"的层面达到"道"的境界。由此可以推知:其一,由"技"进至于"道"的过程有不知其所以然而然的、无法言传的部分;其二,正如我们前面谈到过的那样,至人之境不是什么人都能达到的。庖丁解牛将最高的"用"的形态呈显出来。在这一最高的"用"的形态中,人达成了对工具和对象的最高程度的驾驭和支配,而这一驾驭和支配并不是由知来引导的。当然,在这最高程度的驾驭和支配中,工具和对象都最充分地实现了自身。

即使是到了这样的"用"的高度,仍然有不可避免的例外

---

① 《庄子纂笺》,第46页。

和偶然,所以,"每至于族",至于"难为"之处,还是要"怵然为戒,视为止,行为迟"。由不知而来"怵然为戒",此时是精神的最高的主动性的具体实现。在这一最高的主动性里,知与不知交相滋养,作为客体的"天理""固然"与主体"怵然为戒"的高度醒觉通为一体。

然而,梁惠王终归还是误解了庖丁:"吾闻庖丁之言,得养生焉。"他的关注点大概放在了十九年而"刀刃若新发于硎"的那把刀上了。庄子的养生指向的是性命的整全,而非仅仅是身形的保存,就像庖丁之所以"所好者,道也"不是为了让自己的刀用得更久一样。刀和身形的保全只是真理性生存附带的结果。

三、天人(一)

《庄子》内七篇的文本展开与思理展开的高度一致,可以视为其完整性的一个佐证。思想的脉络约束了概念在文本中的呈显,以至于一向被认为是庄子哲学核心的天人概念,是直到《养生主》才完整出现的。《逍遥游》没有明确与天人相关的概念和主题。《齐物论》首章"人籁""地籁"和"天籁"之论隐约有天人之辨的影子,但其关注的重心并不在此。正如我们前面讨论过的,之所以能从"吾丧我"引出"天籁"的主题,针对的是颜成子游"形固可使如槁木,而心固可使如死灰乎"的疑问中的误解。在子游看来,南郭子綦的"荅焉似丧其耦"是某种主动自觉的"使"的结果。这当然隐含了天人概念下的思想主题,但距离明确的概念形态的讨论还相去甚远。"使"的概念将《齐物论》首章与第二章的一段重要的论述关联起来:"非彼无我,非我无所取。是亦近矣,而不知其所为使。"① "彼""我"这对概念与天人之辨有密切的关联,但更单纯、抽象也更根本。天人概念是多个层面的单纯观念的综合,所以,在《庄子》内七篇详密审慎的文本推进中出现得比较晚:

> 公文轩见右师而惊曰:"是何人也?恶乎介也?天与,其人与?"曰:"天也,非人也。天之生是使独也,人之貌有与也。以是知其天也,非人也。"②

"介",郭《注》:"偏刖之名。"而宣颖则说:"介,特也。谓一足。"③ 两者之间的差别在于,前者认为右师的独足是人为的刑罚的结果,后者则认为是天然的。严复依郭《注》发挥道:

---

① 《庄子纂笺》,第11页。
② 《庄子纂笺》,第26—27页。
③ 《庄子校诠》,第109页。

"分明是人，乃说是天，言养生之安无奈何之命。"① 由于人本就是自然的一部分，因此，从根本上讲，一切人为也无非是天然。王叔岷支持宣颖的看法，但"公文轩既问右师之介'天与？其人与？'则不得先以为偏刖矣"②的理由并不充分。"介"是否为"偏刖"还得从《庄子》内七篇的文本中寻找解答。独足或丧足的形象在《庄子》内七篇里凡四见：《养生主》里的"右师"、《德充符》里的"王骀""申徒嘉"和"叔山无趾"。对于后三者，庄子都有强调式的表述："鲁有兀者王骀"，"申徒嘉，兀者也"，"鲁有兀者叔山无趾"。而且对于造成丧足的原因有明确的提示。申徒嘉说："自状其过，以不当亡者众；不状其过，以不当存者寡"，可知其丧足是刑罚所致。叔山无趾说："吾唯不知务而轻用吾身，吾是以无足"，则也是刖刑的后果。③ "公文轩见右师"章既没有强调性的表述，也没有独足成因的提示，则右师之独足应该是天生的残疾，而非"偏刖"造成的。这一章在《庄子》内七篇里是最简单明了的，其作用仅仅是引出天人之辨的问题。天人概念的分别在这一章里也仅仅停留在最朴素的层面：是否出自人为的作用。

"泽雉"章虽然没有明确提到天人的概念，讨论的却仍是天

---

① 《庄子纂笺》，第 27 页。
② 《庄子校诠》，第 110 页。
③ 《庄子纂笺》，第 41—44 页。

人之辨的问题：

> 泽雉十步一啄，百步一饮，不蕲畜乎樊中。神虽王，不善也。①

"畜乎樊中"属于人为的范畴。与前一章相比，这里已经有了明确的崇尚天道自然的倾向。当然，庄子关于天人之辨的思考远不止于此。

四、生死（一）

在《齐物论》里，生死问题是以片断的方式出现的，与后面的相关论述有明确的指涉关系："人谓之不死，奚益！其形化，其心与之然，可不谓大哀乎"指涉"一知之所知，而心未尝死者乎"（《德充符》）；"方生方死，方死方生；方可方不可，方不可方可"指涉"胡不直使彼以死生为一条，以可不可为一贯者，解其桎梏，其可乎"（《德充符》）和"孰能以无为首，以生为脊，以死为尻？孰知死生存亡之一体者，吾与之友矣"（《大宗师》）；"予恶乎知说生之非惑邪？予恶乎知恶死

---

① 《庄子纂笺》，第27页。

之非弱丧而不知归者邪"则指涉"死生，命也；其有夜旦之常，天也"一节（《大宗师》）。当然，以生死为核心的讨论，是直到《养生主》最后一章才真正出现的：

> 老聃死，秦失吊之，三号而出。弟子曰："非夫子之友邪？"曰："然。""然则吊焉若此，可乎？"曰："然。始也，吾以为其人也，而今非也。向吾入而吊焉，有老者哭之，如哭其子；少者哭之，如哭其母。彼其所以会之，必有不蕲言而言，不蕲哭而哭者。是遁天倍情，忘其所受；古者谓之遁天之刑。适来，夫子时也；适去，夫子顺也。安时而处顺，哀乐不能入也；古者谓是帝之悬解。"①

这一节的主题是对待死亡的态度，并由此引出对生死的理解。秦失吊老聃之丧，并无哀痛之情。其所以如此，是因为"始也，吾以为其人也，而今非也"。吊问的对象不在那儿了。《德充符》里孔子对鲁哀公说："丘也，尝使于楚矣，适见独子食于其死母者，少焉，眴若，皆弃之而走。不见己焉尔，不得类焉尔。所爱其母者，非爱其形也，爱使其形者也。"② "使形者"既已消

---

① 《庄子纂笺》，第27页。"然则吊焉若此，可乎"一句，原书作"然，则吊焉若此，可乎"，于上下文义不协，引文做了订正。

② 《庄子纂笺》，第45页。

失,遗留下来的身形就不再是那个人了。这里讨论的是对待他人的死亡的态度。秦失入吊老聃,见所悼之人已非其人,而周围老者、少者皆哀情过当。人的生命的获得不是自主选择的结果,而是有"所受"的,忘掉了这种被给予的被动的本质,将生视为得,自然也就将死看作失了。因这种错觉而生的哀痛,源于对天道本真的逃避,同时也是因这逃避而来的惩罚。"遁天之刑"可以解除,但不是所有人都有解除的可能。《德充符》里,叔山无趾评论孔子说:"天刑之,安可解";《大宗师》里,孔子自评也说:"丘,天之戮民也"。由对待他人的死亡自然引出了对待自己的死亡的态度。在秦失看来,老聃将生视为偶然的时遇,将死视为必然的顺序。"适来,夫子时也;适去,夫子顺也"一句,注释者大都将"顺"字解作动词。比如钟泰:"'时'者值其时,'顺'者顺其常也。"① 王叔岷:"当来,则夫子(老聃)应时而生;当去,则夫子顺时而死。"② 这样一来,"夫子时也"与"夫子顺也"就成了不同的句式。而后面一句"安时而处顺"当中的顺字显然是个名词。因此,这句话里的"时"与"顺"应该都是作动词用的名词。"夫子时也""夫子顺也"应该理解为"夫子以之为时""夫子以之为顺"的意思。"顺"作名词讲,

---

① 《庄子发微》,第 73 页。
② 《庄子校诠》,第 113 页。

有顺序、次序义。生则安偶然之时遇，死则止必然之顺次，则不为生死所动。"帝之悬解"的"帝"字有主宰的意思。真正自我主宰的人，才能解其"遁天之刑"。真正的主宰者是不受任何变化扰动的。

生死问题当然不能止于对待生死的态度，一定要触及对生死的根本理解。庄子的生死观在这一章里是用一个关键的比喻呈现出来的：

指穷于为薪，火传也，不知其尽也。[1]

薪火喻指的是"形"与"使形者"。从《齐物论》的"其形化，其心与之然，可不谓大哀乎"以及《德充符》的"一知之所知，而心未尝死者乎"看，在庄子那里，心有可朽的部分，也有不朽者存焉。正如我们前面讨论过的，庄子是将心灵看作与身形并存的实体性的存有。用将心灵理解为物质结构的功能的物理主义心灵观，是无法理解庄子的哲学的。在物理主义心灵观真正有效地证明其为真理之前——这在哲学上恐怕是不可能的，庄子的相关思考是值得以最庄重的态度面对的。心灵中有"使形者"，但二者并不是直接同一的。只有心灵中真正自主的部

---

[1] 《庄子纂笺》，第27页。

分，才是"使形者"。身形作为人在世的各种关联的承载者，与作为个体存有的心灵是有交互作用的。与身形及其承载的种种关联交互作用而来的心知的部分，是会随着身形的统一体的解体而消散的，所谓"其形化，其心与之然"。而那贯通在一切心知的形态当中的根本的知，不受身形状态的左右，反过来却能影响身形，所以是真正的"使形者"。"使形者"既能不为"形"所动，因此也能不随形体的消散而消亡。在庄子那里，似乎并不是所有人都能有"不知其尽"者。从《养生主》最后一章的语境看，应该是只有达到了"帝之悬解"的人，才能"薪尽火传"。关于生死问题，我们这里只能做初步的展开，后面相关的部分还会有更深入的讨论。

第七章　人间世与不得已

作为个体的身心整体如何得性命之全，是庄子哲学的核心关切之一。然而个体层面的保身、全性、养亲、尽年，不可能是与世隔绝的，总要置身于各种复杂的关联当中。通过纯粹的思辨得到证明的客体，以不同层面的不得已呈现在具体的生活世界当中。在一个混乱失序的时代，生存的偶然性被极度放大了，无法忽视也无法回避。根本上无法掌控的偶然，彰显出客体的坚硬本质。

一、"一宅而寓于不得已"

从《人间世》开始，孔子成为庄子思考和论说的核心。在《庄子》内七篇里，孔子在不同情境下承担着不同的功能。在"颜回请行"章，孔子首先是作为一个通晓人间世故的智者的形象出现的。直到对话的结尾，孔子才透露出对至德之境的某种程度的理解。正如我们前面讨论过的，在庄子那里，孔子是闻道者或知道者系列中的人物，但还并未达到长梧子或女偊那样的高度。在庄子的著述当中，孔子这一形象是不可或缺的。因为人间世的复杂处境必须要借孔子这样一个人物才能充分展现。当然，孔子形象背后隐藏着的还是庄子本人。读《人间世》，我们不能不讶异于庄子对现实世界的深刻洞察。他经历了怎样的人生才最终托迹于漆园，我们已无从得知。七篇之作，亦有出于孤愤者乎？

"颜回请行"章是《庄子》内七篇第一次正面谈及政治问题。如何面对君主，是当时士人生活的重心。颜回自述的理由，从侧面反映了那个时代的普遍状况：

> 回闻卫君，其年壮，其行独。轻用其国，而不见其过；轻用民死，死者以国量乎泽若蕉，民其无如矣。①

颜回之欲游事卫君，是出于不忍。庄子之所以没有像《论语》里的长沮、桀溺那样止于自全，而要有所著述，应该也有不忍的意思。庄子又深知其所思所想无济于事，故托迹前代贤圣，略事陈说而止。

---

① 《庄子纂笺》，第29页。

孔子以"嘻！若殆往而刑耳"的预见引出了一段对现实世界极具洞察的议论，揭示出一般士人面对君主的普遍处境：

> 古之至人，先存诸己，而后存诸人。所存于己者未定，何暇至于暴人之所行！且若亦知夫德之所荡，而知之所为出乎哉？德荡乎名，知出乎争。名也者，相轧也；知也者，争之器也。二者凶器，非所以尽行也。且德厚信矼，未达人气；名闻不争，未达人心。而强以仁义绳墨之言术暴人之前者，是以人恶有其美也。命之曰灾人。灾人者，人必反灾之。若殆为人灾夫！且苟为悦贤而恶不肖，恶用而求有以异？若唯无诏，王公必将乘人而斗其捷。而目将荧之，而色将平之，口将营之，容将形之，心且成之。是以火救火，以水救水，名之曰益多。顺始无穷，若殆以不信厚言，必死于暴人之前矣。[①]

颜回虽无求名相争之心，但他人并不了解和相信。在这种情况下，强进"仁义绳墨之言"以为规箴，很容易被理解为炫耀。自己的美德反衬出他人的平庸固陋，这样一来，人们就非但不会欣赏这样耀眼的美德，反会以之为"灾"。一旦陷入相争的局

---

① 《庄子纂笺》，第29—30页。

面，在朝中盘根错节的王公、重臣就会乘其势而"斗其捷"。孤弱的士人自顾不暇，只能为自求解免而附和对方，结果非但不能有所校正，反而成了对恶势力的助长。"以不信厚言"，所谓交浅言深也。《韩非子·说难》篇："夫旷日离久，而周泽既渥，深计而不疑，引争而不罪，则明割利害以致其功，直指是非以饰其身，以此相持，此说之成也。"① 应该有庄子这一节议论的影响。

议庄子文章之美者夥矣，然关注者往往在"鲲鹏""天籁""解牛""梦蝶"各章。殊不知《人间世》首章，最见为文之难。虚构颜回与孔子的对话，最难的莫过于在孔子的质疑下颜回所论的递进层次。从"端而虚，勉而一"到"内直而外曲，成而上比"，再经过孔子"心斋"的提点而至"未始有回也"之境，平实自然有如实录，非见地极深、笔力极厚者不能为也。从《庄子》内篇与孔门有关的各章看，庄子对孔子及其弟子的掌故极其熟稔。自韩愈以降，每有学者以为庄子出自孔门，是不无所见的。②

"心斋"历来为研究者所重，阐发的向度也非常丰富。这

---

① 《韩非子新校注》，第261页。
② 参见杨海文：《"庄生传颜氏之儒"：章太炎与"庄子即儒家"议题》，《文史哲》2017年第2期，第123—133页。

里，首先要注意的是不能将"心斋"理解为普遍的修养方法。《人间世》首章里孔子与颜回的关系，可以跟《大宗师》里女偊与卜梁倚的关系相类比。从《大宗师》的"坐忘"章看，颜回是有可能有"圣人之才"的。孔子作为庄子世界里闻道者系列中的人物，虽未能达到女偊的高度，但既于道有所知闻，则对颜回的引导在方向上应该不会有根本性的错谬。由于"圣人之才"极为罕见，所以，"心斋"不可能是普遍适用的为道之方。"心斋"一节颇难索解：

> 若一志，无听之以耳，而听之以心；无听之以心，而听之以气。听止于耳，心止于符。气也者，虚而待物者也。唯道集虚。虚者，心斋也。①

凝聚精神，方能超越感官之知，而达到心知。"听"是被动的接受，而心却是主动的。"听之以心"则是心灵主动地将自己转变为被动的接受。这种被动的接受既然是自主性的体现，就仍然有其自我的限定，并非是普遍的、无限隔的，因此，还要有更进一层的超越——"听之以气"。这里的"气"与《大宗师》"游乎天地之一气"的"气"不同，后者显然是客体意义上的。"听

---

① 《庄子纂笺》，第32页。

之以气"既然与心和知有关,则必有其主观性。但这种主观是打破了自我限定的,是绝对他者在心灵中的呈显。由于这一他者是绝对待的,所以有普遍性和无限性。耳能被动地接受,但仅止于被动的接受,是纯然被动和有限的。心的被动接受,则是某种主动的符合。其被动性恰是其主动性的体现,有限性是无限性的彰显。然而,主动选择的被动,无限具象的有限,终归是有形迹和边界的。只有让绝对待的他者呈显出来,主动与被动、无限与有限才能真正合而为一,才能普遍地容受一切,而自身却不为所动。

庄子关于"心斋"的阐发,单就这一节文字孤立地看,是无法得到确解的。只有将其回置到整个对话的语境中,我们才不至于在恍惚迷离中陷入虚玄空洞。孔子以"心斋"提点颜回,是期之以至德之境。颜回得"心斋"之义,有"得使之也,未始有回也"之叹,则于至德已有所造。孔子此下的道说是对"心斋"的效用的发明,当然也包含了对"心斋"的进一步解说:

> 绝迹易,无行地难。为人使,易以伪;为天使,难以伪。闻以有翼飞者矣,未闻以无翼飞者也;闻以有知知者矣,未闻以无知知者也。瞻彼阕者,虚室生白,吉祥止止。夫且不止,是之谓坐驰。夫徇耳目内通,而外于心

知，鬼神将来舍，而况人乎！是万物之化也，禹、舜之所
纽也，伏戏、几蘧之所行终，而况散焉者乎！①

"绝迹易，无行地难"至"闻以有翼飞者矣，未闻以无翼飞者
也"，其重心在于引出"闻以有知知者矣，未闻以无知知者也"。
换言之，"以无知知"才是"心斋"所要强调的。知道自己根本
上的无知，在这一对无知的知的基础上，一切具体的知的不确
定性就暴露出来。一旦知道具体的知的有限性和不确定性，就
有了普遍容受一切的可能。本质上的无知同时也就意味着根本
上的不可掌控，可以掌控的属"我"，不可掌控则归于"彼"。
基础性的无知揭示出根源性的他者，或者说绝对的客体。根源
性的他者或绝对客体没有可知的内容，因此是"阒者"。没有
可知内容的"阒者"不是一片纯然消极的死寂，而恰是最积极
能动的。"虚室生白，吉祥止止"，"虚室"（即"阒者"）既是
生之根源，又是止之所在。将"白"和"吉祥"与"虚室"关
联起来，在某种意义上呈显出庄子哲学的色调。他的哲学无论
如何不是冷寂悲凉的。"止止"是极言其为最终的安顿之所——

---

① 《庄子纂笺》，第32—33页。

舍此别无止处。① 关于"坐驰",有两种截然相反的理解。郭《注》曰:"若夫不止于当,不会于极,此为以应坐之日而驰骛不息也。"成《疏》与郭《注》一致:"苟不能形同槁木,心若死灰,则虽容仪端拱,而精神驰骛,〔可〕谓形坐而心驰者也。"②这是将"坐驰"理解为某种负面的状态。钟泰《发微》则曰:"'坐驰',所谓'以无翼而飞者也'。《在宥篇》曰:'尸居而龙见。'尸居非坐乎?龙见非驰乎?此与'火驰而不顾'者,悬若天壤。解者等而视之,舛矣。夫有止而无行,则是有体而无用,何以为'内圣外王'之道乎?且此段乃从'入游其樊'更进一层说。若仅止止而止,则有何不得已。不得已者,不得止也。抑游者、飞者之谓何?将皆为剩语乎!《淮南子·览冥训》

---

① 郭庆藩:"俞樾曰:止止连文,于义无取。《淮南子·俶真篇》作虚室生白,吉祥止也,疑此文下止字亦也字之误。唐卢重元注《列子·天瑞篇》曰,虚室生白,吉祥止耳,亦可证止止连文之误。"《庄子集释》,第151页。《淮南子》和《列子》都晚于《庄子》内七篇,"虚室生白,吉祥止也"和"虚室生白,吉祥止耳"应该是引自《人间世》。但早期文献中引用经典,常会依行文的脉络、语势而有所调整,反过来以此校正经典原文,以为定谳,甚而至于言之凿凿,至少是有失审慎。以《淮南子·俶真训》相关文段为例:"夫唯易且静,形物之性也。由此观之,用也必假之于弗用也,是故虚室生白,吉祥止也。夫鉴明者尘垢弗能薶,神清者嗜欲弗能乱。精神已越于外,而事复返之,是失之于本,而求之于末也。"(刘文典:《淮南鸿烈集解》,北京:中华书局,1989年5月,第69—70页。)这一节议论的重点在于强调虚静者方能保任万物之自然,与《人间世》异趣,作者断章取义,故依上下文的语脉而有所调整,以合乎其行文的习惯。

② 《庄子集释》,第151页。

有'是谓坐驰、陆沈、昼冥、宵明'语,高诱注云:'言坐行神化,疾于驰传。沈浮冥明,与道合也。'观夫《淮南子》之言,知坐驰古义犹存,特后人不察耳。"① 也就是说,在钟泰那里,"坐驰"是积极和正面的。钟泰的解释将"夫且不止,是之谓坐驰"与前面"闻以有翼飞者矣,未闻以无翼飞者也"联系起来。既然前面是"以无翼飞""以无知知",则后面不可能只强调"止",而应该讲"止"而能行(即"以不行行")的道理。凡典籍中有歧见处,先在文本固有语脉中寻求疏通、印证的可能,再借其他文献来佐证。钟泰此处的解释是有典范意义的。耳目外通,则用于感知。使耳目内通,则引出的是感官的主宰者和支配者。耳目之类的感官属于形,"徇"之内通,呈露出来的就是"使形者"了。当然,借用"使形者"这个概念,只是出于论述的方便。由耳目内通所达到的是"外于心知"的,这显然就不是"使形者"所能涵括的了。与耳目有关又超越于耳目,且在心知之外的,就只能是"以无知知"者。这"以无知知"者既是"鬼神来舍"的所在、"万物之化"的根基,又是圣王治道的枢纽。如果说前文论及的"心斋"为体,则这一节议论便是"心斋"之用。二者之间是可以相互发明的。

---

① 《庄子发微》,第87页。

值得注意的是,从《人间世》首章开始,与心灵和知有关的讨论开始明确涉及本体论的问题。在《齐物论》当中,已有类似的倾向,但还不够明确。比如,"故知止其所不知,至矣。孰知不言之辩,不道之道?若有能知,此之谓天府。注焉而不满,酌焉而不竭,而不知其所由来,此之谓葆光"①。"注焉而不满,酌焉而不竭,而不知其所由来"已经近乎本体或本根的讨论了。当然,还没有"鬼神将来舍""是万物之化也"这样明显涉及万物之根源和根据的表达。正如我们前面讨论过的,由主体出发的哲学不能不从某种心性论的分析入手,但其归趣却往往是本体论或本根论的。庄子哲学的质疑深度决定了其在起点上对世界的普遍怀疑,由这样的怀疑出发,他不可能在未经哲学思考的情况下将客观世界的真实存在作为一个前提接受下来。客体的发现和证明在其文本的展开中是不断出现的主题。在《人间世》第一章里,客体的呈显仍然是以"无知"为思辨性的中介来达到的。由于无知之知仍然是一种知,而且是根本的、确定性的知,由此呈露出来的客体并不是无知之知的对象。无知之知所知的只是纯粹的不可知性、纯粹的空无,如果它有一个知的对象的话,那么,这对象也只能是空无,也就是完全意义上的不存在。无知之知揭示出的只是所有的知以及

---

① 《庄子纂笺》,第19页。

与之相关联的可掌控性的根基处的本质上的不可掌控，这种不可掌控性即是客体的本质，当然也就是客体本身。无知之知呈露出来的客体及客体的本质既然不是无知之知的对象，那也就是无知之知自身了。这样一来，我们前面揭示出来的庄子哲学中的"彼"在本质上也是属于知的，是主体性的和主动的。在庄子那里，根本意义上的客体同时就是绝对的、根源性的主动者。正是由于这种绝对的、根源性的主动性，"虚者"才不是僵死寂灭的，才能"虚室生白，吉祥止止"，才能坐行神化，"以无翼飞"，"以无知知"，以不行行。

二、"天下有大戒二"

与对待"颜回请行"不同，《人间世》第二章里的孔子对叶公子高之问，责以大义，促之成行。钟泰意识到了这一反差，给出这样的解释："前者颜子之病，在视事之易；今叶公之病，则在虑事之难。视事易者多轻，虑事难者易怯，故夫子所以告之者亦异。于颜子则警戒之辞多，于叶公则劝勉之意切也。"[①]以"视事"之难易理解孔子态度的变化，恐未得要领。孔子对待颜回与叶公子高的不同，应该是由于二者身份的差异。颜回

---

① 《庄子发微》，第91页。

与卫君无君臣之义，又非卫国宗室，无忠孝之责而以身涉险，因此孔子沮之；叶公子高是楚国大夫、世袭贵族，有不可逃避的职守，故孔子责之。

由于叶公的特定身份，作为现实的个体而被给定的东西以最坚硬的形态凸显出来，无可逃避。对于叶公"事若不成，则必有人道之患；事若成，则必有阴阳之患"的两难，孔子说：

> 天下有大戒二：其一，命也；其一，义也。子之爱亲，命也，不可解于心；臣之事君，义也，无适而非君也，无所逃于天地之间。是之谓大戒。是以夫事其亲者，不择地而安之，孝之至也；夫事其君者，不择事而安之，忠之盛也；自事其心者，哀乐不易施乎前，知其不可奈何而安之若命，德之至也。为人臣、子者，固有所不得已。行事之情，而忘其身，何暇至于悦生而恶死！①

在这一节里，客体的本质以人的在世的种种不得已呈现出来。当然，最根本的还是"子之爱亲"。这里的"命"字应该读如《中庸》"天命之谓性"的"命"，朱子所谓"命犹令也"。庄子以"命"这个字来强调父母在个体生命中的根源性和必然性。

---

① 《庄子纂笺》，第33—34页。

这与《养生主》论个体性命之整全时对"养亲"的强调是一致的。至于君臣之义，则并不是普遍的。这一点，由前一章孔子沮颜回之行可见。孟子回应公孙丑"不见诸侯何义"时说："古者不为臣不见。"① "无适而非君"是就叶公子高的具体情况说的。"自事其心者"，成《疏》解为："自安其心智者。"② 钟泰则做了非常迂曲的解释："然事亲事君，皆由心起。心上无工夫，则事亲事君触处皆碍；不然，亦伪而已。故特提出事心一层。事心者，从事于心性之学也。"③ 钟泰这里引入的"心性之学"，上下文并无依据。但这样迂曲的解释，也充分说明他意识到了这句话有难解之处。从具体的语境看，"自事其心者"并不是批评的对象，而是正确的态度。这里的"事"与前面事亲、事君的"事"相同，都是尊奉、服从的意思。尊奉、服从自己的内心，从而将利害安危之类的外在的偶然结果置之度外。只有这样，才能不为外在的一切所动，无哀乐之情的交施更迭。由此可知，"自事其心者，哀乐不易施乎前"是对"事其亲者，不择地而安之""事其君者，不择事而安之"的总结。固有的"不得已"是内在的必然，"不可奈何"则包含了外在的无法掌控的偶

---

① 《四书章句集注》，第 274 页。
② 《庄子集释》，第 156 页。
③ 《庄子发微》，第 91 页。

然，两者从不同方向呈显出客体的本质。值得注意的是，"知其不可奈何而安之若命"，"命"这一概念在《庄子》内七篇里第一次完整地出现。与"子之爱亲，命也"的"命"相比，"安之若命"的"命"涵盖的范围要大得多。

个体的在世，一面是内在固有的不得已，另一面是不可奈何的种种偶然的变化。一切具体的事物，都呈显在两者的交互作用当中。那些看似确定、持久、坚固、具象的存有，其实不过是主体的无限性的内涵外化出的客境而已。如果不能在主体当中确立客体的根基，一元论的哲学终归是无法以完成的形态实现出来的。主体的无限性最直接和具体的体现就在于无条件的自主的可能性，无论何等强大的客境，都无法在根本上动摇和消解这一自主的可能：

> 且夫乘物以游心，托不得已以养中，至矣。何作为报也？莫若为致命。①

"乘""游"这样的动词，提示出其与《逍遥游》《齐物论》等篇中的至人的关联。当然，这里的"乘"和"游"的对象要具体得多。并不是所有的人都有超然于人间世的复杂关联的可能，

---

① 《庄子纂笺》，第35页。引文标点有调整。

但即使身陷世网当中，仍有完整地保持自己的主动性的可能。"托不得已以养中"的"托"字凸显出作为个体的人在"不得已"面前的被动性。自主地听命于内在固有的"不得已"，表面上看是被动的，实则是更高的主动性的体现。郭象说："任理之必然者，中庸之符全矣，斯接物之至者也。"①则是以"中庸"释"养中"。"养"总是一种滋益维持的效用，所以，"养中"即持中之义。持中者既无所偏倚，则其指向只是自身的维持。这一自身维持不为周遭的变化所动，当然也就是自主的和主动的。这样的自主性，不仅使内在固有的不得已充分实现出来，同时也让外在的无法掌控的偶然真正地成为偶然——主体可以超越的、本质上不具束缚性的纯粹的偶然。"何作为报也"的"报"，应该理解为"回报"之义。既然"知其不可奈何"而"托不得已"，又有什么回报可期呢？"致"是极尽之义。"命"与"安之若命"的"命"相应："常解以致君之命说之，非也。"②"乘物以游心，托不得已以养中"，则内在的"不得已"与外在的"不可奈何"都得到了最充尽的呈显和实现。

---

① 《庄子集释》，第163页。
② 《庄子发微》，第93页。

三、"形莫若就,心莫若和"

在"颜阖将傅卫灵公太子"章中,庄子呈示出人间世的另一种情境。颜阖傅卫灵公太子的缘由庄子没有做任何的铺垫,只是将其作为不可改变的事实直接道出。在无可选择的情况下,蘧伯玉的建议就仅仅着眼于危难局面中的自我保全了:

> 戒之,慎之,正女身哉!形莫若就,心莫若和。虽然,之二者有患。就不欲入,和不欲出。形就而入,且为颠为灭,为崩为蹶。心和而出,且为声为名,为妖为孽。……汝不知夫螳螂乎?怒其臂以当车辙,不知其不胜任也;是其才之美者也。戒之,慎之!积伐而美者以犯之,几矣。①

"形莫若就,心莫若和"不应该被理解为普遍意义上的处世态度,而是就颜阖的特定境况而发的。这一节两次提到"戒之,慎之",暗示出与持中之道的关联。"才之美者"往往自是其是、自伐其美,而不知其力不能任。不知道自己的有限性,是最危险的无知。只有真正意识到自己的无可如何,才能持中以自

---

① 《庄子纂笺》,第35—36页。

全。"形莫若就"，但"就不欲入"。外则随顺俯就，但又不能与之全无分别。对于一个"其德天杀"的人，与之混同也就等于将自己置入更大的危险当中。因为这样的人最可能的后果就是"为颠为灭，为崩为蹶"。全无分别的混同，将使自己也随之颠灭崩蹶。"心莫若和"，但"和不欲出"。心和则无所违忤，自然有涵宏宽容之气。优容宽大之气一旦表露出来，就成为一种外在的声名，由此带来各种意想不到的、多余的影响。在复杂情境里自我保全，能依凭的就只有以戒慎为根本的持中之道了。在这里，戒惧之心与中道的关联再一次被凸显出来。

四、无用之用

无用之用的主题，是《人间世》后半部分的核心。在"匠石之齐"和"南伯子綦游乎商之丘"两章，"大木"的形象是对《逍遥游》末章的接续，只不过主题已经发生了变化。《逍遥游》末章关注的是小大之辨的问题，虽然隐晦地提及了为世所用的危险，但重心却并不在此。从"尧让天下于许由"章看，尧之所以相对于"无所用天下为"的许由为小，就是因为他为世所用。直到"往见四子藐姑射之山"，"窅然丧其天下"，尧才摆脱了世用，获得了达至大知和真知的视野。在《人间世》里，自我保全成了压倒性的关切，无用对于存身的意义也就彰显出来了。

自我保全的焦虑是以前三章的铺陈为背景的。颜回、叶公子高和颜阖构成了那个时代德智超卓的士人的三种典型境遇,其中没有一种情形有可靠的自全之道。在这个意义上,以不可奈何和不得已为本质的客体呈现为不测的偶然,随时有将个体颠灭崩蹶的可能。于是,庄子从相反的方向,看到了无用的大用。

匠石遇到的栎社树与南伯子綦在商之丘见到的大木虽然同为无用之木,但两者仍然有很细微的差别。栎社树虽然是"不材之木",但生长在稠人广众之中(故"观者如市"),之所以能不因有所妨碍而遭砍伐,其实是倚仗了其"为社"的身份。对于弟子"趣取无用,则为社,何邪"的问题,匠石的回答道出了曲衷:"不为社者,且几有翦乎!"① 与栎社树不同,商之丘的大木不惟无用——其细枝"拳曲而不可以为栋梁"、其大根"轴解而不可以为棺椁",而且有害:"咶其叶,则口烂而为伤;嗅之,则使人狂酲三日而不已。"② 商之丘的大木应该是生长在人迹罕至的荒野,所以,对周遭的一切患害都成了对自己的保护。如果这样的大树生长在人群聚居的地方,恐怕早就被砍掉了吧。

---

① 《庄子纂笺》,第 37 页。

② 《庄子纂笺》,第 38 页。

有用无用的问题并没有想象的那样简单。至少，完全意义上的无用是不可能的。即使是庄子虚构出来的支离疏，也有最基本的劳动力："挫针治繲，足以糊口；鼓筴播精，足以食十人。"支离疏的无用，体现在"上征武士"和"上有大役"这样的境遇当中。[①] 即使能避开战争和劳役，维持生计的基本能力还是必需的。而且，这样的逃避也只能是暂时的、偶然的和有条件的。由于用从属于生活世界的整体展开，所以，是否有用就始终是由生活世界的复杂情境决定的，并且随生活世界的变迁而不断改变的。战乱时期的刚毅决绝到了承平时代会变成某种多余的东西，温柔敦厚在遭逢绝境时会显得全无意义。

更重要的是，有用无用并不取决于人的选择。"山木，自寇也；膏火，自煎也。桂可食，故伐之；漆可用，故割之"，诚然。然而，山木之引寇、膏火之致煎、桂之可食、漆之可用，都不是自主、自觉的追求的结果，而是作为被给定的现实被动接受来的。是否有用并不是个体能够决定的，我们能够做的其实是成为一个无用的（或不可用的）人，或者避免成为有用的（或可用的）人。事实上，无用之用对于自存的意义从根本上讲还是偶然的、有条件的。

在人间世的复杂境遇当中，"彼"或作为客体的他者呈现为

---

① 《庄子纂笺》，第38—39页。

不得不的必然、不得已的当然以及不可奈何的偶然。三者之间如何建立起本质上的统一性，如何将这统一性与作为思的起点的主体性统一起来，是理解庄子哲学的关键所在。当然，在这一阶段的文本和思想展开中，我们还无法给出充分的讨论。

五、支离其德与临人以德

关于"支离"，司马彪注曰："形体支离不全貌。"成玄英《疏》则曰："四支离拆，百体宽疏，遂使颐颊隐在脐间，肩膊高于顶上。"① 从文本的具体描述看，支离疏的形体并无不全。成《疏》将重点放在了对支离疏的异常形状的解释上，竟干脆忽略掉了文中明显的对其形体畸变的强调。《人间世》里对支离疏的摹状与《大宗师》对病后的子舆的描写基本一致："曲偻发背，上有五管，颐隐于齐，肩高于顶，句赘指天。"《大宗师》里明确指出了造成这种畸变的原因："阴阳之气有沴。"② 司马彪和成玄英对于"支离"的解释，都有较大的偏差。钟泰《发微》曰："'支离'者，支于正而离于常，犹今言离奇也。"③ 这个解释是符合

---

① 《庄子集释》，第180页。
② 《庄子纂笺》，第56页。
③ 《庄子发微》，第101—102页。

文义的。支离其形的人,尚且能"养其身,终其天年",何况支离其德的人呢?相较而言,形是外在的,总体而言是不可掌控的;德是实得于己的、内在的、无形的,属于人自主的范围。能自觉地支离于人间世的惯常轨则,即所谓支离其德者也。

《人间世》的卒章又回到了孔子。在这一章里,德是关键词。这既与前后文的无用之用和支离其德相呼应,又引出了后一篇《德充符》的主题。《庄子》内七篇的统一性和整体性,可由此得到进一步的验证:

> 孔子适楚,楚狂接舆游其门,曰:"凤兮凤兮,何如德之衰也!来世不可待,往世不可追也。天下有道,圣人成焉;天下无道,圣人生焉。方今之时,仅免刑焉。福轻乎羽,莫之知载;祸重乎地,莫之知避。已乎已乎,临人以德!殆乎殆乎,画地而趋!迷阳迷阳,无伤吾行!吾行郤曲,无伤吾足!"[①]

《庄子》内篇不引证其他典籍,所谓"洸洋自恣以适己者"。惟有此章,似乎与《论语》关联密切。《论语·微子》篇载:

---

① 《庄子纂笺》,第39页。

> 楚狂接舆歌而过孔子曰:"凤兮!凤兮!何德之衰?往者不可谏,来者犹可追。已而,已而!今之从政者殆而!"孔子下,欲与之言。趋而辟之,不得与之言。①

两者记录的虽是同一件事,但细节上有很大的差别。不仅楚狂接舆所说的内容有异,说话的方式和场景也不同:《人间世》里,接舆是"游其门曰";《论语》里则是过孔子之车而歌,而且还有孔子下车"欲与之言"而接舆"趋而辟之"的情节。这些细节上的不同表明两者很可能有不同的来源,《人间世》里的故事并不是以《论语》为原本再创作而来的。在《人间世》里,接舆的话的批评意味更加明显。在一个"无道"的世界里,即使再崇高的品德,也无法扭转风气的衰败。德行之光耀超拔于众人之上,自我画定明确的标准以为遵循,都是危险的。当生存的不确定性被极度放大,"支于正而离于常"反而更有可能自我保全。"临人以德"是德有所失的表现,"支离其德"者反倒更接近全德之人。

---

① 《四书章句集注》,第184—185页。

第八章　至德与至人

在人间世的复杂境遇里，不得已和不可奈何呈显为"彼"或他者的两个不同的方面。律令式的必然与不可掌控的偶然之间的复杂交织，构成了各种各样的选择的可能。人生活在根本的歧裂当中，只有至德之人能超越这根本的歧裂。因此，理解至德与至人也就成了达成根本性的统一的关键和基础。

一、不言之教

《德充符》里的至人不仅都是无言者，而且都没有正面出场。鲁国的兀者王骀、伯昏无人、卫国的哀骀它，都没有直接出现在对话的场景中。不仅《德充符》如此，《逍遥游》《齐物论》当中的至德之人，也同样是他人言说中的存在。由于至人并不是每个人都可以达到的，所以，并不存在一个普适的涵养至德的方法。这样一来，至德之人在庄子哲学中的作用主要有两个方面：其一，作为真理性生存的具体体现，理解至人就成了获得真知的必经之路；其二，至人可以通过不言之教发挥对世界的影响。常季对于王骀的疑问从侧面反映出不言之教的效果：

> 王骀，兀者也；从之游者，与夫子中分鲁。立不教，坐不议，虚而往，实而归。固有不言之教，无形而心成者邪？①

然而，不言之教的影响力是有限的。以王骀的至德，也只能与孔子"中分鲁"。

申徒嘉与子产的矛盾进一步凸显了不言之教的局限。与前一章的常季不同，申徒嘉和子产都是伯昏无人的追随者。伯昏无人的教化对于申徒嘉产生了正面的影响，面对子产的恶意贬损，他在反驳的同时给出了善意的劝诫：

> 自状其过，以不当亡者众；不状其过，以不当存者寡。知不可奈何而安之若命，唯有德者能之。游于羿之彀中，中央者，中地也；然而不中者，命也。人以其全足笑吾不全足者，众矣。我怫然而怒，而适先生之所，则废然而反。不知先生之洗我以善邪？吾与夫子游，十九年矣，

---

① 《庄子纂笺》，第41页。

而未尝知吾兀者也。今子与我游于形骸之内,而子索我于形骸之外,不亦过乎!①

从"知不可奈何而安之若命,唯有德者能之"和"游于羿之彀中,中央者,中地也;然而不中者,命也"这样的议论看,申徒嘉的见识与《人间世》中的孔子是同一个层次的。《人间世》末章楚狂接舆对孔子的提醒——"迷阳迷阳,无伤吾行!吾行郤曲,无伤吾足",与此处的"全足""不全足"关系甚大。《德充符》里的申徒嘉与《人间世》中的孔子构成了某种镜像关系:孔子之"中地"与申徒嘉之"不中",无非命也。同样游于伯昏无人之门,子产却并没有受到潜移默化的影响。即使在申徒嘉的驳难和规箴下,他也并没有真正地自省,而只是"蹴然改容更貌,曰:'子无乃称!'"。对于那些自是其是的人,不言之教的作用是无从施加的。

"叔山无趾"章的真伪问题,我们在第一章中已给出了充分的讨论。此章次"申徒嘉与子产"章之后,与之形成了鲜明的对照。这一对照的核心在于孔子与子产对待闻道者的批评的态度。与子产略带惭愧的懊恼和规避不同,孔子闻叔山无趾之言,有深刻的自责和自省:"孔子曰:'丘则陋矣。夫子胡不入

---

① 《庄子纂笺》,第43—44页。

乎？请讲以所闻！"并且在无趾离开后，告诫自己的弟子："弟子勉之！夫无趾，兀者也，犹务学以复补前行之恶，而况全德之人乎！"① 以庄子哲学来衡度，孔子的这番告诫全然不得要领。将叔山无趾的做法理解为"务学以复补前行之恶"以及将"全德之人"理解为身形的整全，都非闻道、见道之言。在接下来的"鲁哀公问于仲尼章"里，孔子对"全德之人"的理解就有了根本的改变——"形全犹足以为尔，而况全德之人乎！"在庄子那里，人们通过后天的学习达到对道的更高程度的理解是完全可能的。颜回的"心斋""坐忘"，列子的"雕琢复朴"，都是典型的例证。

不言之教的影响的局限，使得闻道者和知道者成为不可缺少的环节。只有闻道者和知道者才能理解至德和至人，也只有他们才能将至德之人无言的化育之功发挥到极致。因此，《德充符》里孔子对常季说："夫子，圣人也。丘也，直后而未往耳。丘将以为师，而况不若丘者乎？奚假鲁国！丘将引天下而与从之。"②

---

① 《庄子纂笺》，第44页。
② 《庄子纂笺》，第41页。

二、命物之化

王骀、申徒嘉和叔山无趾都是兀者,但丧足的情况却有很大的不同。从"自状其过,以不当亡者众;不状其过,以不当存者寡"①的辩白看,申徒嘉被刖足应该不是因为自身的过错。也正是因为这一点,在遭到别人嘲笑的时候才会"怫然而怒"。叔山无趾明确说:"吾唯不知务而轻用吾身,吾是以无足。"则叔山无趾之丧足是罹犯罪责的结果。不论原因为何,两者都是在丧足以后才有所警醒进而于道有所闻见的。王骀的情况则完全不同。在与常季的对话中,孔子说:

> 自其异者视之,肝胆楚越也;自其同者视之,万物皆一也。夫若然者,且不知耳目之所宜,而游心乎德之和;物视其所一,而不见其所丧,视丧其足,犹遗土也。②

在"异者"的眼中,肝胆之相需犹楚越之敌对。而在"同者"看来,万物是通为一的。"不知耳目之所宜",则根本上超越了可不可、然不然的分别。既然视物之所一,则得与失何异?

---

① 此句意为:自己辩白过错,以为不应该丧足的人多;不辩白自己的过错,以为应该丧足的人少。

② 《庄子纂笺》,第 41—42 页。

故"视丧其足,犹遗土也"。王骀之被刖足,显然是在已达到至德以后。这也就是说,即使是至人也不能从根本上免除祸患。至德之人虽然能尽可能地远离危险,但并不能消除不可掌控的偶然。然而,这样一来,至人的完全意义上的主动性又如何理解呢?

《德充符》里的至德之人与《逍遥游》《齐物论》中的至人、神人、圣人并无本质的不同。① 先看孔子对王骀的理解:

> 死生亦大矣,而不得与之变;虽天地覆坠,亦将不与之遗。审乎无假,而不与物迁,命物之化,而守其宗也。②

我们可以以此与《逍遥游》《齐物论》的叙述相对照:

> 之人也,之德也,将旁礴万物以为一,世蕲乎乱,孰弊弊焉以天下为事!之人也,物莫之伤。大浸稽天,而不溺;大旱,金石流、土山焦,而不热。③

---

① 王骀等只是还暂居于人间世而已,所以,孔子说"彼且择日而登假"。王叔岷说:"假,徐音遐。假、遐古通,……此文'择日而登假',谓择日而升于玄远之域也。"《庄子校诠》,第178—179页。

② 《庄子纂笺》,第41页。

③ 《庄子纂笺》,第5页。

> 至人神矣！大泽焚，而不能热；河汉冱，而不能寒；疾雷破山、风振海，而不能惊。若然者，乘云气，骑日月，而游乎四海之外。死生无变于己，而况利害之端乎！ [1]

综合以上对至德之人的理解，我们可以总结出两个基本的特征：其一，至德者不为任何变化所动。"天地覆坠""大浸稽天""大泽焚""河汉冱""大旱，金石流、土山焦""疾雷破山、风振海""利害""死生"，都不能带来任何扰动；其二，至德者相对于一切事物的主动性。我们在前面已经讨论过《庄子》内七篇里"乘""御""游"三个动词标举出的绝对的主动性，当然这种标举是象征式的。真正思辨性的表达是《德充符》这一章里的"审乎无假，而不与物迁，命物之化，而守其宗也"。"审乎无假"，郭庆藩释曰："无假当是无瑕之误，谓审乎己之无可瑕疵，斯任物自迁而无役于物也。"[2] 钟泰则说："'假'，藉也。无所藉者，无所待也。"[3] 通过我们列举的几则关于至德者的理解性描述，再联系《逍遥游》首章的"若乎乘天地之正，而御六气之辩，以游无穷者，彼且恶乎待哉"，可以看出至人必定是无待的。钟泰的解释在训诂、文义、思理三个方面，都简易明

---

[1] 《庄子纂笺》，第20页。
[2] 《庄子集释》，第190页。
[3] 《庄子发微》，第108页。

白,允为确解。"审"有确定、确实义,"审乎无假",即确然无所待之义。确然无所对待者,能够不为物变所动。唯居持于万物之根源者,才能主宰万物之变化,也才有真正意义上的主动性。在孔子对王骀的至德的理解中,至人的两个方面的基本特征在观念上被统一起来了。只有不为所动者,才有可能是主动者,而主动者才有可能是主宰者。当然,不是一切不为所动者都是主宰者。仅仅不为物变所动,最多只是"无役于物",并不因此就能有支配性的作用。不为所动同时也不施加影响,也是一种可能。既然在庄子那里,至德者"命物之化,而守其宗",则不可能是无所影响的,而一定是有支配性作用的。当然,主宰的作用究竟是如何发生的,还需要进一步的深入解析和思考。此外,至德之人毕竟是个体性的存在,个体性的存在有可能主宰万物之化吗?庄子的上述讲法究竟是修辞性的,还是真正意义上的哲学思考呢?

如我们前面所说的,即使是至德之人也不能消除无法掌控的偶然。然而,不可奈何的不确定性难道不在"物之化"的范围内吗?如果物的变化中有无法掌控的部分,那么,"命物之化"的主宰性又何从谈起呢?主宰意味着既能施加作用又能不为受自己影响的东西所动。也就是说,能"命物之化"者不受物的变化的影响。而物的变化中无法确定的偶然,既然是至德者也不能掌控的,则要么只能否定庄子言之凿凿的至人的主宰性、甚至干脆从根本上放弃主宰的概念，要么将不可奈何的偶然与主宰者关联起来——正因为有不可掌控的偶然，主宰者才成其为主宰者。如果一切都是可以掌控的，那么支配者就在完全的意义上支配了被支配者，这样一来，支配者和被支配者在实质上就等同起来了。这种表面看来无可置疑的主宰性，恰恰从根本上消解了主宰的内涵。

将王骀的"视丧其足，犹遗土也"理解为混同万物而来的漠不相关，是典型的误解。① 因为如果仅仅是漠不相关，就只是强调和凸显了不为所动的意思，至德之人的主宰和支配的作用被完全忽略了。王骀不为物变所动，但并不因此就是消极的。他显然能够对周遭的世界发挥积极的作用和影响。事实上，这种作用和影响已经产生了。

三、常　心

在常季与孔子的对话中，王骀对世人的积极作用一直是关注的焦点。在孔子充分讲明了王骀的至德以后，常季的疑问并没有消除：

---

① 成《疏》曰："王骀一于死生，均于彼我。生为我时，不见其得；死为我顺，不见其丧；傥视万物，混而一之。故虽兀足，视之如遗土者也。"《庄子集释》，第 192 页。

> 彼为己,以其知得其心,以其心得其常心。物何为最之哉?①

常季的疑问源于他的误解。他将王骀的超然自主当成了某种纯然消极的生存样态。既然在王骀那里,一切都泯然无别,为什么还会有那么多的人聚拢在他身边呢?常季没有理解孔子所说的"自其同者视之,万物皆一也"的深刻内涵,就像后世的很多学者误以为庄子是相对主义者和虚无主义者一样。当然,常季并不是全无所见的。"以其知得其心,以其心得其常心"恰是理解至人与至德的关键之一。

正如我们前面讨论过的,庄子的哲学思考是以主体的直接性为出发点和基础。整体思想也就当然要围绕心和知来展开。作为主体的心始终与各种层次和形态的知相伴随,或者说,心总是具体地呈显在知当中。《人间世》第一章里"徇耳目内通,而外于心知"的指向万物根源的揭示,在这里更明确地落实为对一切知的结构中主体一端的呈露。不论何种层次和类型的知,总是根源于某种主体性倾向并且呈现在某种主体

---

① 《庄子纂笺》,第42页。关于这段话的标点,俞樾的说法是正确的:"'以其知得其心'句,'以其心得其常心'句,两句相对。'彼为己'三字,总冒此两句。郭读'彼为己以其知'为句,'得其心以其心'为句,而以'得其常心'四字属下读,失之。"《诸子平议》,上海:上海书店,1988年5月,第335页。

状态当中。在知的结构中，主体一端的倾向和情态是千差万别的，正如《齐物论》"大知闲闲，小知间间"一章向我们呈示的那样。然而，在无限多样的差异当中，又有恒常不变的东西。在庄子那里，作为主体的"我"或"吾"是"吾之"的结果。换言之，自我意识来自于持续的自我设定。然而，这种自我设定不是没有基础的。持续的自我设定之所以可能，正在于无限多样的主体差异中有某种恒常不变的同一性。"梦蝶"章里第二个不知——"不知周之梦为胡蝶与，胡蝶之梦为周与"，不仅提示出物境之间的相互转换，也点明了贯穿不同物境的主体的同一。恒常不变的主体或"常心"呈显出两个基本的面相：其一，不为物变所动的主动性；其二，对物的存有、变化施加作用和影响的主宰性。这两个方面有更深层次的统一性，进一步的讨论我们留待后面的文本和思想的展开。

常季对至人之德的理解——"以其知得其心，以其心得其常心"——在孔子的回答中得到了印证。借孔子之口，庄子将问题推进到了更深也更具体的层面：

> 人莫鉴于流水，而鉴于止水。唯止，能止众止。受命于地，唯松柏独也，在冬夏青青；受命于天，唯舜独也正。幸能正生，以正众生。夫保始之征，不惧之实。勇士一人，雄入于九军。将求名而能自要者，而犹若是，而况

> 官天地，府万物，直寓六骸，象耳目，一知之所知，而心未尝死者乎！①

"唯止，能止众止"，将不为物变所动的主动性所能施加的作用强调出来。"众止"，意味着在至人之德的影响下，众人亦有了反归自己的主动性的可能。这种对自己的主动性的复归，同时也就是自己的本然真性的实现。这与《齐物论》首章的"天籁"是一致的："夫吹万不同，而使其自己。"《齐物论》首章结尾留下的问题，可以在这里找到明确的回答。"吹奏"万有的"怒者"，或者说"真宰"，虽然无朕迹形兆，却是至真至实的，并非郭象意义上的无。舜之"受命于天"的"独正"，不是后天努力能够达到的。而这一偶然的、幸运的"独正"，不仅能自正其生，亦能正众生之生。②在儒家的传统里，舜是"无为而治"的典范。③因此，舜之"幸能正生，以正众生"与王骀的"唯止，能止众止"是一致的。"勇"这个主题的引入，充分揭示出庄子哲学主动、积极的性格。"保始"，即前文的"守其宗"。在庄子

---

① 《庄子纂笺》，第42页。
② 钟泰说："'正生'犹正性也。"亦可。《庄子发微》，第110页。
③ 《论语·卫灵公》载："无为而治者，其舜也与？夫何为哉，恭己正南面而已矣。"《四书章句集注》，第163页。"恭己正南面"的"正"字，也许是此处"以正众生"的"正"字的来由。

那里,唯有有"保始之征"者,才能有真正的"不惧之实"。此虽与孟子所谓"大勇"有别,但在将不为外物所动视为勇的内涵这一点上,却是相同的。[①]"官天地,府万物",即所谓"命物之化"也。"寓六骸,象耳目",指的是对作为承载者和限定者的身形的超越。"寓"凸显的是寄寓的暂时性,"象"则强调虚假不真。"象"即偶像,似而非真者也。以耳目为像,则所闻所见并非确定无疑的真相。身形只是暂时的寄寓,则既不能贪着陷溺,为身形以及与之相关的种种所动,又不能完全漠不相关,流于抽象的自主而全无作用。"知之所知"自有种种不齐——无论主体一端的情态还是客体一端的强度,等而一之的知,则只能是对一切具体的"知之所知"的局限性的知,关于一切具体的知在本质上都是无知的知。本质上的无知的另一面其实就是无法掌控的偶然。而正如我们前面讨论过的,不确定性恰是主宰义成立的必要环节。"心未尝死"意味着对个体的有限性的超越。至德之人藉以主宰万物之化的,当然不是其个体意义上的存在,而是其个体存在所归属的、通过其个体生命呈露出来的普遍者。

---

① 《四书章句集注》,第230—231页。

四、天人（二）

我们在前面已经一再谈及《庄子》内七篇里观念展开的审慎步调，及其与文本次第的高度一致。天人概念是直到《养生主》才完整出现的，到了《德充符》，相关的思考和讨论有了进一步的发展。在《养生主》里，天人之辨停留在最初步的层面：只是强调了天人的分别以及对天然的崇尚。在泽雉那里，人为的"畜乎樊中"简单地构成了天的对立面。这种简单的对立一旦引入到人间世，就复杂得多了。

《德充符》明确讲天人问题，在最后两章，这两章的主题和概念与《大宗师》基本一致。至德之人完全理解了天人之间的关系，所以能让自己与个体有关的"小"从属于天：

> 故圣人有所游，而知为孽，约为胶，德为接，工为商。圣人不谋，恶用知？不斲，恶用胶？无丧，恶用德？不货，恶用商？四者，天鬻也。天鬻也者，天食也。既受食于天，又恶用人？有人之形，无人之情。有人之形，故群于人；无人之情，故是非不得于身。眇乎小哉！所以属于人也。謷乎大哉！独成其天。①

---

① 《庄子纂笺》，第47页。

"孽""胶""接""商"都属于额外的添加。圣人没有出于个体目的的筹划，因此无需用知；没有人为的斲断，则本就连在一起的谈不上胶合，本就分断开的也用不着再多余地粘连起来；失与得皆不可避免，是本分内的必然，既然遭遇的一切无不是得，执着于暂时的据有就完全多余了；不趋货易之利，则能用自然之工巧，自然之工巧已足，过此以往都毫无意义。不做任何额外的添加，等于完全受天之食。在这里，庄子以罕见的确定和朴素的方式呈现出真正自足的状态——人间世的真理性生存。"有人之形"，则不能没有源自作为承载者和限定者的形体的局限，因此居止于人群当中；"无人之情"，则不为是非以及由是非而来的好恶所扰动。"属于人"的一切之所以"眇乎小哉"，是因为它们都是出于各种各样没根据的目的额外造作出来的。去除掉这些多余的东西，则一切遭逢无非自足。自足则成其为大。"独成其天"的"独"字，强调的正是这种自足性。这一节里连续四个"恶用"，揭示出"属于人"的一切的多余的本质。而多余之所以为多余，在于其所从属的目的是没有理由和根据的。人受制于各种虚妄的目标而失其自足，是对天的背离，也就是《养生主》最后一章所说的"遁天倍情，忘其所受"。

在内七篇里，惠施与庄子的对话共出现三次。单就思想和论辩的品质看，这些对话并没有体现出我们期待的高度。两人之间其实并没有展开真正的辩论，而只是陈说各自的立场而已。这与孟子、告子之间关于人性的辩论相去甚远。当然，惠施在庄子的思想世界中仍然是至关重要的。可以说，他是庄子与那个时代的思想界的唯一交集。惠施的博学多闻，使得庄子虽游离于同时代的思想交流，但对于当时的思想状况并不陌生。与惠施的直接的或想象中的交锋，也在一定程度上触发和推动了庄子的思考。既然惠施与庄子的对话能呈现庄子的明确立场，我们也就可以以之为依据尽可能地消除关于庄子哲学的歧见。在讨论《逍遥游》的小大之辨的问题时，我们正是凭借最后两章的惠庄对话才在聚讼纷纭中辨明庄子哲学的基本宗旨的。在《德充符》最后一章，藉由惠施、庄子的对话，"无人之情"的意涵得到了进一步的澄清：

> 惠子谓庄子曰："人故无情乎？"庄子曰："然。"惠子曰："人而无情，何以谓之人？"庄子曰："道与之貌，天与之形，恶得不谓之人？"惠子曰："既谓之人，恶得无情？"庄子曰："是非吾所谓情也。吾所谓无情者，言人之不以好恶内伤其身，常因自然而不益生也。"惠子曰："不益生，何以有其身？"庄子曰："道与之貌，天与之形，无以好恶内伤其身。今子，外乎子之神，劳乎子之精，倚树而吟，据槁梧而瞑。天选子之形，子以坚

白鸣!"①

与《逍遥游》最后两章不同,在这一章里,惠施与庄子是有往复辩难的。正是在惠施的追问下,庄子所说的"无情"的确切意涵才得到了充分的彰显。人的在世,总是在具体的情绪和情感当中展开的。面对惠施的质疑,庄子明确承认了这一点。庄子所说的"无情",是指不受情绪和情感的扰动。不受好恶之情的扰动,方能"保身""全性"。对性命之整体的保全不是以"益生"为理由的。关于"益生",钟泰说:"'常因自然而不益生',因其自然则不过。若益之,未有不过者也。'益生'之'生',即'养生'之生。'生'犹性也。性上岂有可加者乎!故老子曰:'益生曰祥。心使气曰强。物壮则老,谓之不道。不道早已。'祥者,不祥也。庄子之言固有所本矣,惠子未能知也。"②钱穆也引《老子》"益生曰祥"为说。二者都是将"益生"之"益"理解为增益。然而,如果"益生"的意思是增益其生,何以惠施会有"不益生,何以有其身"的追问呢?是否追求生命的延长,与"有其身"并无矛盾。所以,此处的"益生"不应理解为增益其生,而应释读为"以生为益"。不以生为益,与庄子对

---

① 《庄子纂笺》,第47页。
② 《庄子发微》,第127页。

"悦生而恶死"的批评是一致的。

对天人对立的强调,会自然地引出这样的疑问:人为的难道就不是根源于天的吗?而如果"属于人"的别有根源,那么天的普遍性就只能被否定掉了,而天如果不具普遍性,那崇尚天的根据何在呢?像惠施那样外乎其神、劳乎其精,难道不是更常见的生活的选择吗?人既然可以选择对天的背离,岂不等于说天不能胜人?还有,我们怎么证明对天的背离就是错误的呢?以后果来衡量吗?如果将后果作为衡量的标准,我们看到的不是更多的反例吗?

而且,至人之德并不是后天的努力能够达到的。能否成为至人,是被给定的。惠施拒绝认同庄子的思想,与孔子"宾宾"学于老聃,虽然方向相反,但在不能造至德之域这一点上,有什么实质的区别吗?叔山无趾与老聃之间的对话,更充分地暴露出了其中的问题:

> 无趾语老聃曰:"孔丘之于至人,其未邪?彼何宾宾以学子为?彼且蕲以诚诡幻怪之名闻,不知至人之以是为己桎梏邪?"老聃曰:"胡不直使彼以死生为一条,以可不可为一贯者,解其桎梏,其可乎?"无趾曰:"天刑之,安可解?"①

---

① 《庄子纂笺》,第44页。

既然有无论如何都无法解去的"天刑",那又何必选择向往至德的道路呢?如果某种惰性的生存样态是来源于天的桎梏,岂不等于说这样的样态对于某些人来说就属于他们的自然?那么,顺任自己惰性的、被动的自然,不也是某种至德的表现吗?这些疑问提示我们,关于天人问题,庄子应该有更为深入的思考和探寻。

五、与物为春

与"叔山无趾"章里将全德之人理解为全形之人不同,孔子在与鲁哀公谈论哀骀它时,已经对全德之人有了更为深刻和高明的见识。以庄子对孔门掌故的熟稔,当然不会不知道鲁哀公是孔子晚年遭逢的鲁国国君。所以,这一虚构的对话体现的是孔子晚年的思想进境。换言之,虽然至德之境是无法企及的,但后天的努力仍然能够提升人们对道的认识。通过"形"与"使形者"的区别的引入,孔子超越了此前对全形的强调和关注:

> 丘也,尝使于楚矣,适见㹠子食于其死母者,少焉,眴若,皆弃之而走。不见己焉尔,不得类焉尔。所爱其母

者,非爱其形也,爱使其形者也。①

独子之所以弃其死母而走,是因为"不见己焉尔,不得类焉尔"。同类者之间的交互作用,使每一方都能在对方的反应中见到自己。死亡将生者的自我转为非我,故同类者不再能够在其回应中映照到自己。这与秦失吊老聃之死是同样的情形:"始也,吾以为其人也,而今非也。"在这一章里,与"形"相对的是"使形者"和"德"。在这个意义上,"使形者"和"德"是同一层次的概念,且可以相互训释。在一切知的情境的展开当中,内在的、主体性的一端既具备存有的直接性,又有确定的主宰和支配性。在庄子哲学里,"心""神""德"都是"使形者",指涉的都是主体性的方面。

孔子说哀骀它"才全而德不形"。从上下文看,"才全"其实就是"全德"。"才全而德不形"其实就是"全德者不形其德"的意思。至德者不显耀其德,惟其如此,才能聚止众人。这与前面"唯止,能止众止"是完全一致的:

平者,水停之盛也。其可以为法也,内保之而外不荡

---

① 《庄子纂笺》,第45页。

也。德者，成和之修也。德不形者，物不能离也。①

"修"字在《庄子》内篇里有两种用法：其一，《逍遥游》"有鱼焉，其广数千里，未有知其修者"②；其二，《人间世》"且昔者桀杀关龙逢，纣杀王子比干，是皆修其身以下伛拊人之民，以下拂其上者也，故其君因其修以挤之"③。前者与"广"（也就是"宽"）相对，是"长"的意思；后者作名词用的"修"是"修其身"的结果，即由修治其身而来的美德。当然，两者其实是一致的。将修身而来的美德说为"长"，应该是那个时代通行的做法。公孙丑问孟子："敢问夫子恶乎长"④，就是典型的例证。"成和"，则无特出之长。"成和之修"，即无所长之长，是对"德不形"的进一步解释。"成和"之人如"水停"之平，内在至实而外无所荡。至实者自足，是不自足者所倚赖的，故"物不能离也"。

在庄子那里，全德也就是至德。如何理解全德之人或至德之人对他人的影响，是《德充符》的主题。由于至德者体达了对万物之本根的真知，所以，他们与作为万物的根源和根据的

---

① 《庄子纂笺》，第46页。
② 《庄子纂笺》，第3页。
③ 《庄子纂笺》，第30页。
④ 《四书章句集注》，第232页。

"真宰"或"真君"是同体的。至德之人对他人的影响与万物之本根对万物的影响是同构的。通过体察至人之德,能够从侧面获得某些对本体或本根的认识。万物之真宰的实存和作用并不会因为人的知与不知而有所增减,也就是《齐物论》所说的"如求得其情与不得,无益损乎其真"。至人之德使万物之真宰以真知的形态完整地呈露出来,这种呈露当然是自觉的。但这种自觉又只能以最彻底地否弃自觉的方式来实现。真宰无论是否呈露都不会妨碍其恒常的实存和作用,因此,真知只对至德之人以及受其影响的人们有意义。由于至德者的真知是对万物之真宰的呈露,所以,至人既是个体意义上的,又是超越个体的。庄子对至人之德的阐释常会上升到本体论或宇宙论的层面,其原因即在于此:

> 死生存亡,穷达贫富,贤与不肖,毁誉、饥渴、寒暑,是事之变,命之行也;日夜相代乎前,而知不能规乎其始者也。故不足以滑和,不可入于灵府。使之和豫,通而不失于兑,使日夜无郤,而与物为春,是接而生时于心者也。①

---

① 《庄子纂笺》,第46页。此处引文的标点略有改正。

无穷尽的偶然的物的变化，是"命之行"。"命"这个涵盖了一切从根本上讲无法掌控的遭际的概念，被与"日夜相代乎前"的单向度的时间关联起来。事变之偶然与时间之必然纽结在一起。《齐物论》中有一段，与这句话相类："喜、怒、哀、乐，虑、叹、变、慹、姚、佚、启、态，乐出虚，蒸成菌。日夜相代乎前，而莫知其所萌。"① 两相比较，则可发现"死生存亡"等大体上属于客境，"喜怒哀乐"等则属于主观的情态。前者往往构成后者的原因。"知不能规乎其始"即"莫知其所萌"，各种主观、客观的偶然变化以及时间的必然流逝都是不知其所由来的。既然不知其所由来，则在自主的范围之外；既是不能自主的，则不应该为其所动。能够不为种种内在、外在、偶然、必然的变化所动的，要么完全跟这些变化无关，要么就只能是贯穿于所有变化又始终保持自身同一的东西。庄子所说的无疑是后者。在这一段话里，庄子用"和"和"灵府"来称谓这贯穿始终的自身同一者。"滑和"之"滑"是乱的意思。"灵"有积极、能动的意思，"府"则是收藏义。始终自身同一的，不是僵死的同一，而是丰富活跃的、不可扰动的"和"，是积极能动的蕴藏。"府"的收藏义凸显出了始终自身同一者与一切变化的关联。"使之和豫，通而不失于兑"的"之"指代的应该是"死

---

① 《庄子纂笺》，第 11 页。

生存亡"等"事之变"。贯穿始终的自身同一者使得"死生存亡"等表面看来相互隔断的境域"和豫","通而不失于兑"。"和豫"强调的是对分隔和对立的消解。"兑"即是悦。① "通"与"兑"相对。"通"指的是相隔的双方与对方相融相合的方向,"兑"则指停留在自己局部的自足当中。"通"和"兑"都以隔断为前提,"通"指向的是对分别的超越,"兑"则指向对由分别而来的个体性的保持。悦总是根源于某种个体的自足。② "郤"者,间也。"使日夜无郤",即超越日夜的分别、隔断,使之"通为一"。此"日夜无郤"正与前文"日夜相代乎前"相对反。日夜为天地之变中相对相反之大者,尚能通贯为一,何况其他的具体事物的"死生存亡"呢? "死生存亡"既通为一,则何往而非新生呢? 由此,则继继不已的创生都根源于这普遍的大心了。由直接的主体性出发达到的普遍者和绝对者,必定是心灵中超越个体的自身同一者。

由于在庄子哲学里至人是弃绝了自觉的思以及与之相关的

---

① 钱穆《纂笺》曰:"姚鼐曰:'刘辰翁言,"兑"即老子"塞其兑"之"兑"。正是要义,如医家脱证。"日夜无郤",正谓此也。'段玉裁曰:'古假"阅"为"穴","兑"即"阅"之省。'王叔岷曰:'淮南精神训,"兑"作"充",高注:"充,实也。""实"与"通"对文,与老子"大盈若冲"义近。'"《庄子纂笺》,第46页。凡此种种,都是未深入文义的曲辞臆说。

② 《论语》首章的"说"和"乐"的区别,关键即在于此。《四书章句集注》,第47页。

言的沉默者，而"无圣人之才"的、始终囿限在思与言当中的人又没有通达至德之境的可能——这与主张"人皆可以为尧舜"的孟子完全不同，所以，对至人和至德的揣测性理解也就成了获得某种可言说的真理性认识的唯一道路。事实上，对至人之德的哲学阐释是《庄子》内七篇里贯通性的主题。《齐物论》"瞿鹊子问乎长梧子"章有一段重要的论述，可以与我们这一节的讨论相发明：

> 长梧子曰："是黄帝之所听荧也，而丘也何足以知之！且女亦大早计，见卵而求时夜，见弹而求鸮炙。予尝为女妄言之，女以妄听之，奚？旁日月，挟宇宙，为其吻合，置其滑涽，以隶相尊。众人役役，圣人愚芚，参万岁而一成纯，万物尽然，而以是相蕴。"①

一切言说都是某种程度的"妄言"，然而，对于囿限在言说世界里的人，可言说的真理终归是不可或缺的。"旁日月，挟宇宙"，凸显的还是主动性和主宰义。成《疏》曰："旁，依附也。挟，怀藏也。"② "旁"有被动的意思，"挟"则是主动的。二者构

---

① 《庄子纂笺》，第21页。
② 《庄子集释》，第101页。

成的张力,呈显出庄子哲学里主动性的复杂面相。"为其吻合,置其滑涽,以隶相尊"三句,各有侧重。"为其吻合",与"使日夜无郤"一致,是使相对待者通贯为一之义。"置其滑涽",即任变化之偶然而不为所动。"以隶相尊",指的是赋予纷乱杂多以某种秩序。三者所强调的侧面各成条理,但根本上是可以会归为一的。"圣人愚芚",所以知无知之知。在无知之知中,万物之真宰完整地呈露出来。在这个意义上,圣人的人格与万物的本根之间是一而二、二而一的关系。本根或真宰对万物之存有和变化的作用,也可以说就是圣人的作用。"参糅"无尽时间中纷然杂多的变化,普遍地包纳于恒常不变的自身同一者。"一"者,"皆"也,是修饰动词"成"的副词。"纯"即"不杂",也就是一。《中庸》曰:"'於乎不显!文王之德之纯!'盖曰文王之所以为文也,纯亦不已。"又曰:"天地之道,可一言而尽也:其为物不贰,则其生物不测。"[1]《中庸》的纯之不测与一之不已,实可与庄子哲学相互发明。杂糅万变而成的不已之纯,讨论的是一、多问题。庄子对这一根本问题的思考,是其通向真知的关键。对于"万物尽然,而以是相蕴",郭象注曰:"蕴,积也。积是于万岁,则万岁一是也;积然于万物,则

---

[1] 《四书章句集注》,第35页。

万物尽然也。故不知死生先后之所在，彼我胜负之所如也。"①也就是将句子中的"然"和"是"读为下文的"然若果然也"之"然"和"是若果是也"之"是"。就用词的一致性来说，既同在一章之内，"然"与"是"又相连而出，则这样的解读是有其合理性的。但一则这一段议论的主题不是是非问题，而是本体论、宇宙论问题；二则长梧子的话针对的是瞿鹊子转述的孔子之语，此节对应的是"圣人不从事于务，不就利，不违害；不喜求，不缘道"，后面讲辩论和是非的问题对应的是"无谓有谓，有谓无谓"，才涉及言说与是非。综合以上两点，郭象的注解是不无疑问的。推详此节文义，我更倾向于这样的训释："然"是如此的意思；"是"是代词，指前面的"参万岁而一成纯"；"蕴"是收藏、包含义。这句话应理解为：万物都如此，以参糅杂多为一相互包含。一切存有都由无尽的杂多塑成，所以，自身的存续，亦即自身的同一就包含了无限的物的变化。

我们前面已多次谈到，庄子的哲学思考是以主体的直接性为出发点的。主体之为主体，最根本的在于对自身存有的同一性的自觉。维持自身同一，意味着不在他者的影响下发生改变。不为他者的变化所动，也就从根本上去除了被动性，所以

---

① 《庄子集释》，第103页。

是主动者。① 当然，主体不能仅仅是自身同一的自觉者，如果仅是自身不为所动，那就有可能成为孤立的、全无作用的"自在之物"。从庄子对至德者的主宰性的一再申说看，万物之本根作为恒常的自身同一者对万物之存有和变化是有支配作用的。从主体的直接性出发，能够确定的只有对自身存有的自觉，客体的存在还根本无法得到证实。在这个环节，庄子哲学跨出了突破性的一步，即由不知或无知来确证客体的存在。在庄子那里，一切具体的知都是有限的、不确定的，同时是对自己本质上的不知的彰显。即使达到像庖丁那样对牛的结构肌理默会神知的程度，仍然有需要"怵然为戒"的不知之地。只有不知或无知才是确定和普遍的。换言之，无知之知才是最具确定性的知。不知至少有两个层次：其一，知道自己不知道什么；其二，不知道自己不知道什么。《齐物论》说："古之人，其知有所至矣。恶乎至？有以为未始有物者，至矣尽矣，不可以加矣。"② "有以为未始有物"，是怀疑式的表达。既不能确定无物，又不能确知有物。因为只要确定知道，就不再是不知了。这是不知的最高形态。最高形态的不知之知，没有认识的对

---

① 值得注意的是，孟子哲学里的主动性也是以"不动"来界定和明确的。在《孟子·公孙丑》篇里，有关于"不动心"的详尽阐发。《四书章句集注》，第230—232页。

② 《庄子纂笺》，第16页。

象，也就谈不上所知的内容。这一层面的不知之知，只能是一种呈露——完整地呈露出绝对的客体。由于这绝对的客体是绝对待的，所以必定是唯一的、无限的和普遍的。绝对客体跟主体是有本质关联的，这一点，我们在后面的展开中再做详细的讨论。"知道自己不知道什么"的不知其实已经有了对象和内容。这个层面的不知不仅确证了作为客境的客体的存在，也部分地彰显出了客体的本质。我们所不知的，也就是无法掌控的。客境在整体上呈显为不可奈何的偶然的"事之变，命之行"。在庄子那里，不测的、偶然的变化之统体又体现出三个相互关联的侧面：不可奈何的偶然、"以隶相尊"的秩序和不得已的道德命令。三者都根源于贯穿一切变化的主体的自身同一。不得已的道德命令出于主体的个体性自觉。自觉地接受自身的存有的被动性，是个体层面的主动性的充分实现。这个侧面的强调，为人间世的人伦和政治秩序的必要性确立了哲学上的基础。主体的主宰义与不可奈何的偶然之间的必然联系，我们在前面已有简单的讨论。主宰者和被主宰者之间如果是完全意义上的决定和支配的关系，那么主宰者和被主宰者就是直接同一的。在这个意义上，决定论的世界观其实意味着一切自由和自主的彻底消解。不可掌控的偶然，其实就涵括在自身保持其不为所动的同一、同时又能发挥作用和影响的真宰的内涵当中。从根本上讲不具确定性的世界之所以又在一定程度上呈现出秩序性来，是因为贯穿于一切变化中的主体的自身同一。不测的变化当中的同一性，就是秩序的本质。当然，一切经验层面的规律性关联，都并不是真正意义上普遍必然的。

第九章　大宗与吾师

由最高程度的不知之知呈露出来的绝对者,是唯一的、无限的和普遍的。既然能在知当中呈露出来,这一绝对者就不可能是与万物的存有和变化相隔绝的独存。庄子以"大宗"和"师"来指称绝对者。"大宗师"是大宗即师之义。①"大宗"强调的

---

①　钱穆《纂笺》曰:"宣颖曰:'张子云:"乾称父,坤称母,民吾同胞,物吾与也",可以知大宗矣。老子云:"人法地,地法天,天法道,道法自然",可以知大师矣。'释德清曰:'内七篇次第相因。大宗师,总上六义。必若此,乃可为万世所宗师。'"《庄子纂笺》,第49页。王叔岷说:"《释文》:'大宗师,崔云:遗形忘生,当大宗此法也。'案所主为宗,所尊为师。此篇发明内圣之道,旨在泯合天人,冥绝生死,达于坐忘,而与道合而为一,此所宗师者也。"《庄子校诠》,第203页。"宗师"二字不连读,是普遍的看法。但有相当一部分注释者将"宗师"读为动词,这显然忽略了《庄子》内篇标题与正文的关键词之间的关系。《大宗师》"意而子见许由"章有"吾师乎!吾师乎"一节,是直接呼应此篇的标题的。由此可知,"宗师"二字应该都是名词。王叔岷说"所主为宗",于文义偏离较远。《德充符》的"命物之化,而守其宗",成《疏》释曰:"与化俱行,动不乖寂,故恒住其宗本者也。"《庄子集释》,第190页。则在《庄子》内篇里,"宗"作名词用时,主要是根源、根本的意思。

是根源性，而"师"则凸显主导和支配义。通过对绝对者与主体的关系及其对万物之存有和变化的作用的彰显，真知在可以言说的层面得到了极尽充分的表达。

一、天人（三）

在《养生主》和《德充符》里，天人关系主要是从分别、对立的方面来阐发的。然而，单纯强调天人之间的对立，会产生一系列难以解决的哲学问题。如我们前面讨论过的，既然有不可解的"天刑"，那么，人们顺任自己被给定的自然而汩没于名利之场，又怎么能算是人为呢？类似的问题在《大宗师》里也有涉及："子贡曰：'然则夫子何方之依？'曰：'丘，天之戮民也。虽然，吾与汝共之。'"① 像孔子这样既深知自己无法解脱桎梏的"天之戮民"的性分，又于至人、至德有所闻见和认识的人，天人之间的矛盾反而是最突出的。《大宗师》开篇就讨论天人问题：

> 知天之所为，知人之所为者，至矣。知天之所为者，天而生也；知人之所为者，以其知之所知，以养其知之所

---

① 《庄子纂笺》，第58页。

不知，终其天年，而不中道夭者，是知之盛也。虽然，有患。夫知有所待而后当，其所待者，特未定也。庸讵知吾所谓天之非人乎？所谓人之非天乎？①

既知"天之所为"又知"人之所为"，是知的极至。换言之，仅仅了解"天之所为"而不了解"人之所为"，或者相反，都有偏颇未尽之处。"天而生也"，"天"是修饰动词"生"的，在整句中作副词用。"天之所为者"只是"生"，而这一创生不是自觉的、有目的的。郭象以"块然自生"阐发庄子的哲学，其中一个根本的涵义就是万物皆不知其所以生而生、不知其所以然而然。对于"知天之所为者，天而生也"这句话，郭象《注》曰："天者，自然之谓也。夫为为者不能为，而为自为耳；为知者不能知，而知自知耳。自知耳，不知也，不知也则知出于不知矣；自为耳，不为也，不为也则为出于不为矣。为出于不为，故以不为为主；知出于不知，故以不知为宗。是故真人遗知而知，不为而为，自然而生，坐忘而得，故知称绝而为名去也。"② 郭《注》将解读的重心放在"为"和"知"上，是不无问题的。详味此句的文义，重点应在"生"上。当然，郭象从

---

① 《庄子纂笺》，第 49 页。
② 《庄子集释》，第 224 页。

中凸显出根本性的"不知"来，还是极具洞识的。一切物的产生都不知其所由来。而作为万物之根源的天，也只是始终自身同一的独体，没有创生万物的自觉和目的。总体而言，非目的论是中国哲学的基本品格。庄子哲学是这一传统当中最重要的代表。当然，如果我们一定要为庄子哲学里的"天"加上一个目的的话，那么，作为独体的自身同一的保持，就是其唯一的目的。"以其知之所知，以养其知之所不知"，无论"养"字如何解释，从句式上看，"知之所不知"都是"养"的目标和方向。"养"总是某种增长、促进的作用。具体的知都有其明确的前提和边界，越是清晰地知道自己的所知的限度，越能深刻地理解人的本质上的无知处境。由对此无知处境的深刻洞察而来的戒惧之心，正是持中之道的根据所在。"终其天年，而不中道夭"，正与《养生主》首章"可以保身，可以全性，可以养亲，可以尽年"相互印证。虽然既知"天之所为"又知"人之所为"，是知之至，但既然是对天人之间的分别的有明确内容的知，就一定是有对待的。作为知的对象的天人之辨，并没有真正的确定性。在经验以及一般的言与思当中看似明白无疑的区别，其实经不起推敲，一旦面对严肃的质疑和追问，其无根据性就暴露出来。

真人与真知是不可分割的。一方面可以说"有真人而后有真知"，另一方面则是有真知者才成其为真人。《大宗师》首章关于真人的描述，是《庄子》内篇中最难索解的一段。其中有难以确解者，比如"真人之息以踵，众人之息以喉""与乎，其觚而不坚也；张乎，其虚而不华也。邴邴乎，其似喜乎！崔乎，其不得已乎！滀乎进，我色也；与乎止，我德也。厉乎，其似世乎！謷乎，其未可制也。连乎，其似好闭也；悗乎，忘其言也"之类，由于缺少更完整充分的语境，只能付之阙疑。[①]真人"登高不慄，入水不濡，入火不热"，与《逍遥游》《齐物论》和《德充符》里的至人并无二致。真人之真知，"能登假于道"。成《疏》："假，至也。"王叔岷说："假训至，则读为格，《尔雅·释诂》：'格，至也。'"[②]真人也就是圣人，有最高的主动性：

> 故圣人之用兵也，亡国而不失人心；利泽施乎万世，不为爱人。故乐通物，非圣人也；有亲，非仁也；天时，非贤也；利害不通，非君子也；行名失己，非士也；亡身不真，非役人也。若狐不偕、务光、伯夷、叔齐、箕子、胥余、纪他、申徒狄，是役人之役，适人之适，而不自适

[①] 《庄子纂笺》，第50、51页。"以踵""以喉"大致是深浅之别。但义理的指向不甚明了。"与乎，其觚而不坚也"一节，基本是主观的、印象式的描述，没有足够的可分析性，也无关宏旨。对于一项致力于清晰准确的哲学解释的研究来说，并无在枝节上做臆想式的勉强解说的必要。

[②] 《庄子校诠》，第206页。

其适者也。①

《大宗师》首章并不是对话，而是又一段直接的论述，直接体现了庄子的思想。郭象以为，狐不偕等都"舍己效人，徇彼伤我"。成《疏》在此基础上有更透彻的阐发："此数子者，皆矫情伪行，亢志立名，分外波荡，遂至于此。自饿自沈，促龄夭命，而芳名令誉，传诸史籍。斯乃被他驱使，何能役人！"②在有其他不违背道义的选择的情况下，却决然赴死，那一定是出于某种本分之外的追求。这样的举动，既不出于人自我保存的倾向，又不出于道德上的不得不然，所以是"矫情伪行"。③"役人之役，适人之适"，也就失其自主，而陷于被动的生活形态。在这一节里，由士到圣人，有一个主动性进阶而上的次序：能克服"立名"的诱惑和束缚的人，才称得上士；更进一步，能看到利害之间的相通，从而不为所动的，方为君子；不仅能不陷没于一时的名、实（利害），而且能超拔于整体

---

① 《庄子纂笺》，第 50—51 页。
② 《庄子集释》，第 233—234 页。
③ 孔子的"杀身成仁"、孟子的"舍生取义"都是以道德上的不得不然为根据的。在孟子那里，只有当"生"与"义""不可得兼"时，舍生取义才是当然的选择。《四书章句集注》，第 338—339 页。

时势（天时）[①]的局限的，始臻贤者之域；贤者如尚有亲疏之别，则失其普遍之仁，则仍局于一偏，因此只有无所偏爱者才是真正的仁者。处在这个序列顶端的是圣人或真人。真人"凄然似秋，煖然似春，喜怒通四时，与物有宜，而莫知其极"。真人并非无喜怒，只是其喜怒不受外在环境的影响，故通贯四时而无变。真人对万物的作用，只是给其恰当的安顿。真人的主动性没有边界，是无限的。圣人顺通万物，但并不是自觉和有目的的。如果圣人以"通万物"为乐，也就受限于某种人为的目的，从而失去其"莫知其极"的主动性了。我们前面已经谈到过，在《庄子》内篇里，至人、神人、圣人和真人是等同的。之所以在《大宗师》里要引入"真人"之名，应该是要引出与之相关的"真知"的概念来。与前面关于至人和至德的内容相比，《大宗师》首章里关于真人与世间万物的关系的讨论显然要详尽

[①] "天时"二字，颇多歧解。王闿运说："'天'当作'先'。"《庄子纂笺》，第50—51页。盖以不先时而动为贤者。这一解释的问题有二：其一，《庄子》内篇里没有关于先时而动的讨论；其二，这一节讨论的是主动性的不同层次，与是否先时而动并无关联。钟泰认为"天时"应是"失时"之误。《庄子发微》，第133—134页。钟泰的解释的问题，与王闿运相类。对于这句话，郭象《注》曰："时天者，未若忘时而自合之贤也。"《庄子集释》，第233页。马叙伦因此认为郭象本《庄子》此句原写作"时天"。然而，成《疏》曰："占玄象之亏盈，候天时之去就"，则成玄英所见郭象《庄子注》原文是"天时"。详郭《注》之义，盖以为"天时"即"天其时"，亦即以时为天之义。以时为天仅能顺时，因此，不如忘时而自合于时。郭《注》的问题在于取义过高，将贤者之域混同为圣人之境了。

得多。更重要的是，其间的作用机理得到了具体而微的彰显。

《庄子》内七篇里谈到的至德者对天下都有根源于其主动性的作用。即使是藐姑射之山的神人，虽然不肯"以物为事"，但"其尘垢秕糠"，仍能"陶铸尧、舜"。但对于至德者何以能发挥作用的机理，《大宗师》之前的各篇都语焉未详。对于这一点，庄子在《大宗师》首章里做了概括性的阐述：

> 以刑为体，以礼为翼，以知为时，以德为循。以刑为体者，绰乎其杀也；以礼为翼者，所以行于世也；以知为时者，不得已于事也；以德为循者，言其与有足者至于丘也，而人真以为勤行者也。①

"以刑为体者，绰乎其杀也"一句，在理解上分歧较大。钟泰说："'以刑为体'，承'义而不朋'两句言。'义'与'谦'皆有节制、损退义，于刑为近，故曰'以刑为体者，绰乎其杀也'。'杀'，减杀。'绰'即绰约之绰。一作淖，亦作汋。《楚辞·远游篇》：'质销铄以汋约兮。'于'销铄'下而接云'绰约'，则知绰约非仅如常解谓之柔弱，兼有敛约检制之意，故此云'绰乎其杀'，绰、杀义正相连。郭子玄但知宽绰之训，乃注

---

① 《庄子纂笺》，第52页。

云'虽杀而宽',失其旨矣。"① 钟泰的解释是以他对《大宗师》的思想宗旨的认识为基础的。由于他认为"明内圣"是《大宗师》的主题,所以,即使明显与治理有关的表述,也要勉强解读出治身的内涵来。然而,这一节当中"刑""礼"并举,再联系前面的"故圣人之用兵也,亡国而不失人心;利泽施乎万世,不为爱人",则其与治理有关应该是确然无疑的。在庄子那里,至德者成为统治者,是罕见的历史机缘的产物。然而至德者与人间世不是隔绝的,他们总在以某种方式发挥着对世界的影响。而在至人应务的种种形态中,最需要做出解释的恰恰是作为理想的统治者的圣王。因为从表面上看,圣王是以天下之治为目的。而一旦有了人为设定的目的,也就陷入到某种被动的状态,从而成为对至人之德的背离。至人不以治天下为务,但因偶然的历史机缘成为王者,亦不能舍置治理之具。故郭《注》曰:"刑者,治之体,非我为。任治之自杀,故虽杀而宽。"② "以礼为翼""以知为时""以德为循"三句,与《人间世》第一章"绝迹易,无行地难。为人使,易以伪;为天使,难以伪。闻以有翼飞者矣,未闻以无翼飞者也;闻以有知知者矣,未闻以无知知者也"可以相互发明。值得注意的是,《人间

---

① 《庄子发微》,第 138 页。
② 《庄子集释》,第 238—239 页。

世》这一节也涉及天人问题。"以德为循者,言其与有足者至于丘也,而人真以为勤行者也",正与"绝迹易,无行地难"相呼应。至德者"以无翼飞",这里既然说"以礼为翼",则所行的亦当是无礼之礼。这样的理解可以在后面的"子桑户、孟子反、子琴张相与友"章和"颜回问仲尼"章得到更明确的印证。至德者既"以无知知",则凡有所知,不过一时会遇之偶然,其本仍归于不知。之所以还要有所知,是在应接事物上有不得已之处。至德者实见独体,但并不能因此而"绝迹"。"与有足者"共至于高处,并非为了彰显自己之德。他人以为是"勤行"所致,在至德之人而言,其实与不行无异——正所谓"无行地"者。"刑""礼""知""德"四者,都是长久以来经验积累而成的治具,虽然是人为造作的产物,但习与性成,早已成为人们生活中不可或离的。圣人既不能免于应务,则亦只是用现成之治具而已。不知四者皆人为造作,并无确定性和必然性,当然不可取;如果因其皆出于人为,一概弃置,则等于又造出另一种人为的施设,恐怕为乱更甚。郭象以"迹"与"所以迹"来理解圣王的治理,是深有契于庄子的。圣王的功业(迹)其实是"冥迹"的结果,根本上仍是"无迹"。①

真人之德是理解天人之辨的关键。《大宗师》首章对于至

---

① 参见拙著:《郭象〈庄子注〉研究》,第164—190页。

德的道说由于天人概念的引入而有了更为明确的分析架构,当然,更复杂的问题也随之而来:

> 古之真人,不知说生,不知恶死;其出不䜣,其入不距;翛然而往,翛然而来而已矣。不忘其所始,不求其所终;受而喜之,忘而复之。是之谓不以心捐道,不以人助天。是之谓真人。①

关于这一章的解释,也有异见。② 其实,"不忘其所始",即不忘其所由来之意。人皆不知其所由来,则不忘其所由来,也就是不忘其不知其所由来。不知其所由来,亦不知其所去往,故"不求其所终"。既不知所由来,则凡所遭逢,都是不由自主的接受。如果因此而有好恶之情,则是为其所动,反而失去了自己的主动性。只有无往而不欣然者,才能有始终一贯的自身同

---

① 《庄子纂笺》,第50页。引文中"捐"字,《纂笺》作"揖"。据《释文》改。
② 比如,"不忘其所始,不求其所终"一句,钱穆就认为:"'忘'疑'志'字之讹。"《庄子纂笺》,第50页。然而,郭注明确说:"终始变化,皆忘之矣,岂直逆忘其生,而犹复探求死意也!"《庄子集释》,第230页。可知郭象所见《庄子》原本就写作"忘"。泛读《庄子》全书,而得一笼统的印象,遂将此印象式的理解当作庄子哲学的旨趣,进而以此为据做章句的注解。遇到与印象不合或解释不通之处,则广征遍引,牵合己意,妄改本文。这种情况并不独见于有关《庄子》的注解,但因《庄子》文字"参差""诙诡",难以征实,故此风尤盛。

一,才是真正意义上的自主者。既能无往而不欣然,则超然于具体遭际之殊异。"死生存亡,穷达贫富",皆等而视之,则忘分别辨析之知,从而返归于不知以及由不知之知呈露出来的绝对者。"不以心捐道"的"捐"字,是存在异文的。陆德明《经典释文》说:"捐,徐以全反。郭作揖,一入反。"① 但通过成《疏》看,成玄英所见郭象本应该是写作"捐"。② 陆德明所见郭象本显然与成玄英不同。王叔岷在比较了各家的训读之后,认为这个字应该作"损"。③ 以《秋水》篇的"无以人灭天,无以故灭命"作为佐证,④ 是很有价值的想法。但因为没有做细致的分析,所以,得出的结论难以成立。我们前面讨论过,《秋水》篇是仿《逍遥游》而作的。因此,《秋水》篇的作者对《庄子》内篇一定是极其熟悉的。无论句式、主题还是思想内涵,"无以人灭天,无以故灭命"应该都是对《大宗师》这段话的模仿。"灭"

---

① 《经典释文》,上海:上海古籍出版社,1985年10月,第1444页。

② 成《疏》释此句曰:"是谓者,指斥前文,总结其旨也。捐,弃也。言上来智惠忘生,可谓不用取舍之心,捐弃虚通之道;亦不用人情分别,添助自然之分。能如是者,名曰真人也。"《庄子集释》,第230页。

③ 王叔岷说:"朱(桂曜)以捐为损之坏字,《史记·贾谊列传》《索引》引此文正作损,'不以心损道,不以人助天'。一损一助,相对而言,(《校释》有说。)损与捐义亦相近。又《秋水篇》:'不以人灭天。'助天、灭天,皆失自然也。"《庄子校诠》,第209—210页。

④ 《庄子纂笺》,第135页。

这个字的使用，应该也能在这一节中找到根源。"捎"或"损"都没有与灭尽相类的涵义，而"捐"则有弃绝的意思。由"不以心捐道"发展为"无以人灭天，无以故灭命"，显然更为合理。道本是自足之体。捐弃自足之体，必导致额外的施设。"以心捐道"者，必"以人助天"。以天人之辨来理解真人和真知，简洁明晰。但这样一来，前面关于天人界限的不确定性的思考，岂不全无意义了？而且，如此强调天人的分别，难道不是对齐物的主张的背离吗？

既强调天人之辨又超越天人之辨，才是真正正确的态度。荀子批评庄子"蔽于天而不知人"①，是从根本上误解了庄子：

> 故其好之也一，其弗好之也一。其一也一，其不一也一。其一与天为徒，其不一与人为徒。天与人不相胜也，是之谓真人。②

真人体达绝对之独体，因此有贯彻始终的自身同一。至德者也不能无好恶之情，只是不为其所动。这种不受扰动的自身同一，使得"好"与"弗好"都只是个别存有自身的镜像——所

---

① 《荀子集解》，《诸子集成》第 2 册，第 262 页。
② 《庄子纂笺》，第 52 页。

谓"吹万不同,而使其自己"。物之"好"只是自"好",物之"弗好"也只是其自"弗好"。如果仅仅是无差别的冥同万物,实际上就等于跟充满殊异的变化的世界隔绝了。这样一来,真人的存在就成了完全抽象的,反而走到了真的反面。真人一定是拥有最高的实在性的,所以,他必然跟物变的世界有关。真人对世间万有的作用不是将自己的一加诸其上,而是用其绝对的自身同一让个殊的存有停留在其最充实饱满的自然当中。天人之间最根本的分别在于一和不一。"与天为徒"之一只是作为绝对主动者的独体的自身同一。"与人为徒"之不一根源于独体对个殊的具体存有的主宰作用。当然,如我们前面讨论过的,这种主宰性不是一种支配的关系,而是让所有的个体都反归自己的自足,这种自足也就是最饱满的自身同一。因为变化的恒常性,个别存有的自身同一从根本上讲只能是一种倾向。由于万物之自一呈显为各种层面的不齐,所以说"其不一与人为徒"。真人的存在是三个层面的一的统一:独体之一、不齐的个别存有的自一以及恒常变化的统体之一。后两者其实只是万物之"通为一"的不同侧面。达到这样的统一,才是真正的一者。所谓"其一也一,其不一也一",正谓此也。在真人和真知的层面上,天与人是不相对立的。

二、生死（二）

我们在前面讨论过，《大宗师》"子祀、子舆、子犁、子来相与友"章和"子桑户、孟子反、子琴张相与友"章里，有庄子本人匿名的出场。而这两章对于生死问题的讨论是《庄子》内七篇里最集中和充分的：

子祀、子舆、子犁、子来四人相与语，曰："孰能以无为首，以生为脊，以死为尻？孰知死生存亡之一体者，吾与之友矣。"四人相视而笑，莫逆于心，遂相与为友。①

成《疏》曰："夫人起自虚无，无则在先，故以无为首；从无生有，生则居次，故以生为脊；既生而死，死最居后，故以死为尻；亦故然也。尻首离别，本是一身；而死生乃异，源乎一体。"② 先以时间顺序理解"首""脊""尻"的比喻，再强调"尻首""死生"之一体。成《疏》此处的解释，大体可取，但仍有未尽之义。"从无生有""既生而死"这一时间中的展开，等于将"无""生""死"当成了相互分割的三个阶段。在分割的基

---

① 《庄子纂笺》，第 55—56 页。
② 《庄子集释》，第 258 页。

础上，再强调"一身"和"一体"，恐怕已经偏离了庄子的深意。与"生"不同，"无"和"死"并不是存有的阶段。"无"是"生"之所由来，之所以称之为"无"，是因为"生"者不知其所由来；"死"是"生"之所去往，"生"者亦不知其所去往。所由来和所去往其实是"生"者理解自身时的追问。这样的追问在往而不返的变化当中，就自然而然地指向时间性的观念。其实所由来和所去往的答案在根本性的不知当中。这一点，可以在"颜回问仲尼"章孔子关于孟孙才的议论中得到印证。由不知呈露出来的绝对者是时间的根基，可以说是不在时间当中的。《德充符》里说，"死生存亡"是"事之变""命之行"。实存的世界只是恒常的、无限的变化。就"死生存亡"皆变化之具体体现而言，它们本质上是"一体"的。

世间所有的无非是具体存有的永恒变化。变化中的个体对于自身的变化是无可如何的。在子舆对子祀的回答中，庄子道出了对待变化的正确态度：

> 子祀曰："女恶之乎？"曰："亡，予何恶！浸假而化予之左臂以为鸡，予因以求时夜；浸假而化予之右臂以为弹，予因以求鸮炙；浸假而化予之尻以为轮，以神为马，予因而乘之，岂更驾哉！且夫得者，时也；失者，顺也。安时而处顺，哀乐不能入也。此古之所谓悬解也。而

不能自解者，物有结之。且夫物不胜天，久矣，吾又何恶焉？"①

主动地迎接一切变化，并将这变化的本质以最饱满的方式实现出来。从表面上看，"安时而处顺"只是一种被动的随顺和接受。这样的理解就将庄子的哲学与慎到等人的思想混同了。《天下》篇述慎到之学曰："椎拍輐断，与物宛转，舍是与非，苟可以免，不师知虑，不知前后，魏然而已矣。推而后行，曳而后往，若飘风之还，若羽之旋，若磨石之隧，全而无非，动静无过，未尝有罪。是何故？夫无知之物，无建己之患，无用知之累，动静不离于理，是以终身无誉。故曰：'至于若无知之物而已，无用贤圣，夫块不失道。'豪杰相与笑之，曰：'慎到之道，非生人之行，而至死人之理，适得怪焉。'"② 如果将去除了自主性的绝对被动形态视为人的理想的生活样态，那么，如木石一般无知无识岂不成了最高的追求。这样的"死人之理"与庄子的哲学宗旨是根本背离的。郭象于变化之中，强调出"日

---

① 《庄子纂笺》，第 56 页。
② 《庄子纂笺》，第 270—271 页。《天下》篇不是庄子本人所作，但其作者无疑对当时的各家思想都有非常深入的了解。即使从《天下》篇将庄子与慎到等分别叙述看，也可知二者之间的根本不同。

新"的涵义，是深契庄子哲学精神的。①执恋既有，拒斥将来，等于将过去的形态与新生的变化割裂开来。这种倾向表面上看似乎是在维持个体的自一，反而造成了自我的割裂。这种割裂是多重的：其一，试图将自体之一与变化之统体隔断，这样的自我只能是一种漠不相干的抽象存在，甚至可以理解为一种不存在，这样一来，对存有的自我保存的追求反而走到了它的反面；其二，这种倾向也将一切与变化有关的方面变成了外在于自己的东西，生死之化是变化诸方面当中最大的，所以，死亡也就成了外在于自己的、需要去面对的东西，这样一来，就更加深了对死的恐惧；此种自体之一的追求既如此执恋于生之可悦，也就完全陷没在自己有限的知当中，从而对自己本质上的无知一无所知，这样一来，也就跟只能在无知之知中呈露出来的绝对者割裂开来了。这种固执的倾向当然是徒劳的，但却如此普遍。其根源在于人们对自体之一的误解。也就是说，还是背离真知的结果。

我之为我根源于自体之一的自觉。木石之类无识无知的存

---

① 郭《注》屡言"日新"。比如，在解释"庸讵知吾所谓吾之乎"（《大宗师》）时，郭象说："靡所不吾也，故玄同外内，弥贯古今，与化日新，岂知吾之所在也！"《庄子集释》，第277页。又如，对于"知终始之不可故也"（《秋水》），郭象注曰："明终始之日新也，则知故之不可执而留矣，是以涉新而不愕，舍故而不惊，死生之化若一。"《庄子集释》，第571页。

有，也有维持其自身同一的倾向，但这倾向是盲目的。只有人，作为对其自身同一有明确自觉的存有，才有种种由此自觉而来的徒劳的努力，当然也才有在不知之知中呈露出始终自身同一的独体的可能：

> 父母于子，东西南北，唯命之从。阴阳于人，不翅于父母。彼近吾死，而我不听，我则悍矣，彼何罪焉！夫大块载我以形，劳我以生，佚我以老，息我以死。故善吾生者，乃所以善吾死也。①

同样面对人生的基本处境，庄子透达的态度使得一切悲剧性的冲突和紧张都显得有些夸大其辞。"大块"一词最早见于《齐物论》。关于"大块"的解释，王叔岷说："褚伯秀云：'大块本以言地，据此《经》意，则指造物。'茆泮林云：'《文选》郭景纯《江赋注》引司马云："大块，自然也。"'案《淮南子·俶真篇》高《注》：'大块，天地之间也。'于义亦得。宣《解》：'大块，地也。'则未达《庄子》之意矣。"②从上下文看，将"大块"解为"地"或"天地之间"显然是错的。"大块"作为"善吾生""善

---

① 《庄子纂笺》，第57页。
② 《庄子校诠》，第223—224页。

吾死"者，与后面"大冶"的比喻和"造化者"的意指是一致的。所以，褚伯秀的解释是正确的。"块"有独的意思。① "大块"即独体。作为造化者的"大块"以生劳我、以老佚我、以死息我，所以，我之身形的生、老以及死，都根源于独体。

"子桑户、孟子反、子琴张相与友"章与"子祀、子舆、子犁、子来相与语"章的主题从一开头就有细微的差别，后者更多着眼于个体的生死，而前者则关注人与人之间的"相与""相为"：

> 子桑户、孟子反、子琴张三人相与友，曰："孰能相与于无相与，相为于无相为？孰能登天游雾，挠挑无极，相忘以生，无所终穷？"三人相视而笑，莫逆于心，遂相与友。②

值得注意的是，这两章的主题和核心思想都来源于《大宗师》第二章庄子的直接论述。③ 这也正是我们前面强调庄子本人的

---

① 《荀子·君道》曰："故天子不视而见，不听而聪，不虑而知，不动而功。块然独坐而天下从之如一体。"《荀子集解》，《诸子集成》第二册，第 158 页。
② 《庄子纂笺》，第 57 页。
③ 《庄子·大宗师》："泉涸，鱼相与处于陆，相呴以湿，相濡以沫，不如相忘于江湖。与其誉尧而非桀也，不如两忘而化其道。夫大块载我以形，劳我以生，佚我以老，息我以死。故善吾生者，乃所以善吾死也。"《庄子纂笺》，第 52 页。

匿名出场的根据所在。实际上，个体的生死以及与他人的关联可以说涵盖了人生的全部。因此，对这两个方面的正确认识当然是真知的不容或缺的内容。而在庄子那里，这一正确的认识只能来源于对个体的存有与作为一切之根源的绝对者的关系的深刻理解。对于他人的正确态度是"相与于无相与，相为于无相为"。对此，郭象有极精到的阐发："夫体天地，冥变化者，虽手足异任，五藏殊官，未尝相与而百节同和，斯相与于无相与也；未尝相为而表里俱济，斯相为于无相为也。若乃役其心志以恤手足，运其股肱以营五藏，则相营愈笃而外内愈困矣。故以天下为一体者，无爱为于其间也。"[①] 一切个体的存有只是在维持其自身，对他者的支持不过是特定条件下的错觉。每个个体的自体之一的维持，会形成各种相对稳定的秩序。无论是自体之一的维持还是不同层面相对确定的规律性关联，都根源于独体的普遍的、绝对的自身同一。当然，由个体的自爱和自为形成的不同层面的秩序，总会有无法掌控的偶然和意外。因此，不能被理解为某种类型的前定和谐的观念。在庄子哲学里，个体的界限没有确定的根据和基础，所谓"道未始有封，言未始有常"。能自觉其自体之一的存有因其自觉而有了设置限界的可能，各种不同层面的分别也由此而来。"登天游雾，挠挑

---

① 《庄子集释》，第265页。

无极"，是至人的高度。子桑户等既是言说者，则只能理解为以这种最高的主动性为目标，并不是说他们真正达到了无言的至德者的境界。郭象注"相忘以生，无所终穷"曰："忘其生，则无不忘矣，故能随变任化，俱无所穷竟。"①也就是将"生"解读为"相忘"的宾语。这一解释有两个问题：其一，句式不对。用"相忘以生"来传达"忘其生"的意思，语义不通；其二，主题错位。子桑户等强调的是"无相与"和"无相为"，而非生死问题。"相忘以生"的"以"字应该读作"而"。"相忘而生"即"人相忘乎道术"之义。彼此相忘才能真正地返归自体之一。在相忘中对自体之一的返归，是物我兼忘的。在物我兼忘中，无知之知的作用才真正发挥出来，而绝对者或独体也得以完整地呈露。而绝对者或独体是"不知其尽"的。

生死问题终归是关注的重点。当然，陈述的重心有所调整：从如何理解自己的死亡转为如何对待他人的死亡。《庄子》外篇中的《至乐》篇有"庄子妻死，惠子吊之，庄子则方箕踞鼓盆而歌"一章，是对接下来这一节文字的仿效和发挥：

莫然有间，而子桑户死，未葬。孔子闻之，使子贡往待事焉。或编曲，或鼓琴，相和而歌曰："嗟来，桑户乎！

---

① 《庄子集释》，第265页。

嗟来，桑户乎！而已反其真，而我犹为人猗！"子贡趋而进，曰："敢问临尸而歌，礼乎？"二人相视而笑，曰："是恶知礼意！"①

将死理解为"反其真"，似乎有以生为不真的意思。这显然与前面讲的"知死生存亡之一体"相悖。《齐物论》里曾以疑问的语气谈到过对生死的态度："予恶乎知说生之非惑邪？予恶乎知恶死之非弱丧而不知归者邪？丽之姬，艾封人之子也。晋国之始得之也，涕泣沾襟；及其至于王所，与王同筐床，食刍豢，而后悔其泣也。予恶乎知夫死者不悔其始之蕲生乎！"②即使是疑问的语气，也只是指向对悦生恶死之惑的破除，并没有反过来以悦死恶生为然。与秦失之"三号而出"、子犁之叱"无怛化"、孟孙才之"人哭亦哭"相比，孟子反、子琴张的"临尸而歌"明显有过度的嫌疑。后面孔子以"方内""方外"来理解，则是双方各局于一偏，都未达到通贯内外的见识。相较而言，孔子对"游方之外"还有相当深入的体察。这恐怕也是庄子让作为故事形象的孔子道出"鱼相忘乎江湖，人相忘乎道术"这句话的原因吧。由于这一章关注的是自我与他人的关系，所以，礼

---

① 《庄子纂笺》，第57页。
② 《庄子纂笺》，第21页。

就成了无法绕开的话题。"是恶知礼意"的嘲讽,透露出庄子对于礼的态度。与《老子》以礼为"忠信之薄,而乱之首"[①]不同,庄子并没有简单地将礼视为负面的。他借孟子反和子琴张之口提出的批评,针对的是子贡对礼的肤浅理解。"礼意"大体上相当于《论语》里林放问及的"礼之本"。在庄子看来,徒守礼之外在形式而丧失了"礼意"之根本,才是真正的不知礼。这一对礼的态度与《大宗师》首章"以礼为翼者,所以行于世也"的主张并无二致。

"礼意"的引入,将世俗之礼与礼的本质区别开来。而这也正是孔子回答子贡的疑问的要点所在。在《庄子》内七篇里,孔子的形象是复杂多面的。其中当然有庄子对孔子的理解,但更多的则是出于叙述和表达的需要。历史上真实的孔子以"知礼"著称,这一章既然涉及礼的讨论,孔子的出场也就有了叙事上的必然性。在这一章里,孔子既是通晓和恪守世俗之礼的"游方之内者",同时又是能在思想层面理解至德之人的闻道者。在孔子的议论中方内、方外以及天人的割裂与这一形象内蕴的张力不无关联:

孔子曰:"彼,游方之外者也;而丘,游方之内者也。

---

① 高明:《帛书老子校注》,北京:中华书局,1996年5月,第5页。

外内不相及，而丘使女往吊之，丘则陋矣。彼方且与造物者为人，而游乎天地之一气。彼以生为附赘悬疣，以死为决疣溃痈。夫若然者，又恶知死生先后之所在！假于异物，托于同体。忘其肝胆，遗其耳目，反覆终始，不可端倪。芒然彷徨乎尘垢之外，逍遥乎无为之业。彼又恶能愦愦然为世俗之礼，以观众人之耳目哉！"①

从"方且"一词看，孔子并不认为孟子反、子琴张等已经达到了"与造物者为人，而游乎天地之一气"的境界。"与造物者为人"，钟泰说："'与'，犹从也，谓听命于造物者而为人。上所谓安时处顺，惟命之从，是也。王引之云：'为人犹言为偶。'（见《读书杂志》）非也。此'为人'正答'彼何人'之问，若解'人'为偶，则失其答之之义矣。且《天运篇》有云：'久矣夫，丘不与化为人。不与化为人，安能化人！'彼云与化为人，即此云'与造物者为人'也，可解与化为人为与化为偶乎？比而观之，益知'人'字只当作人，不可作别解矣。"② "与造物者为人"不独见于《大宗师》，亦见于《应帝王》。而"偶"字在《齐物论》中出现过——"彼是莫得其偶，谓之道枢"。如果庄子要

---

① 《庄子纂笺》，第58页。
② 《庄子发微》，第155—156页。

表达的是"与造物者为偶",为何不直接用"偶"字呢?庄子的文风其实很朴素,所用字词大都是常用语,且很少取生僻的字义。之所以予人以华美丰赡之感,实在于想象之活泼、叙事之周到、表述之准确,以及更为根本的——无所囿限的思考和追索。而且,正如我们前面反复谈到的,造物者只能是绝对者或独体,是绝对待的。既然是绝对待的,又何来"为偶"之说呢?相较而言,钟泰的解释于义为长。"天地之一气"不过是"通为一"的变化之统体。与化为一者,即贯通变化之始终而恒常不变的。而只有至德者才能通过其无知之知呈露出恒常不变的自身同一者。孟子反、子琴张都不是无言的至德者,因此,孔子说的是"方且"。孟子反、子琴张虽未达至德之境,但早已于生死无所挂怀。当然,"以生为附赘悬疣,以死为决疣溃痈"是径自将生当成了负面的,死反而成了解脱。这其实构成了另一种割裂和过度。孔子的这一理解来源于孟子反、子琴张反世俗之常的举动。"愦愦然为世俗之礼"固然是"观众人之耳目"①,"临尸而歌"又何尝不是呢?

同样是关于礼的问答,"颜回问仲尼"章态度更平和,讨论也深入得多。这一差别可能是由两个因素造成的:其一,从孔子的阐说看,孟孙才在庄子的思想世界中是至德者系列的人

---

① 此处的"观"字,是炫耀、显示之义。

物，因此并无孟子反、子琴张等的骇世惊俗之举。由于对孟孙才的理解其实就是对至人及其至德的发明，因此，不会陷入方内、方外以及天人的割裂当中；其二，作为对话主角之一的颜回与此前一章的子贡在天赋和资质上有质的不同。颜回作为孔子最欣赏的弟子，在《庄子》内七篇里的形象都是正面的。孔子答颜回之问时也总会推至道理的最高层面。我们可以设想一下，如果将孔子与颜回的对话转成与子贡之间的讨论，那会是什么样的情形。考虑到这一点，我们不能不讶异于《庄子》内篇各章在构思上的精到。当然，这也再次从侧面反映出庄子对孔门掌故的熟悉。颜回的提问也与丧礼有关：

> 颜回问仲尼曰："孟孙才，其母死，哭泣无涕，中心不戚，居丧不哀。无是三者，以善丧盖鲁国。固有无其实而得其名者乎？回一怪之。"①

这一节与《养生主》末章秦失"三号而出"相类，区别在于秦失在自我解释中有所道说，而孟孙才则完全是在他人的议论中出场的。这种出场方式对于《庄子》内篇里的至德者而言是普遍的。至德者的真知没有进入言说和思想的可能，所以，只能

---

① 《庄子纂笺》，第59页。

从始至终沉默着。在他者的评说中出场，也就成了唯一合理的选择。与"临尸而歌"的孟子反、子琴张不同，孟孙才是为世俗之礼的。"哭泣无涕，中心不戚，居丧不哀"，竟能以"善丧"闻名鲁国。在鲁国的人众看来，孟孙才非但没有废礼，反而是真正做到了知礼。颜回以为这是"无其实而得其名"，殊不知"不礼"之礼才是真正意义上的尽礼。当然，"不礼"并不是刻意地违背礼，而是根本就无所措怀。

由于关乎对至人之德的理解，言说者为孔子，言说的对象又是颜回，这一章的重要性是可以想见的。在借孔子的形象说出的这段话里，前此各篇的核心概念和问题，诸如生死、梦觉、化与不化、不知之知等，以彼此关联的形态出现，并得到了通贯透彻的阐发：

> 仲尼曰："夫孟孙氏尽之矣，进于知矣。唯简之而不得，夫已有所简矣。孟孙氏不知所以生，不知所以死；不知就先，不知就后。若化为物，以待其所不知之化已乎！且方将化，恶知不化哉？方将不化，恶知已化哉？吾特与汝其梦未始觉者邪！且彼有骇形，而无损心；有旦宅，而无情死。孟孙氏特觉人哭亦哭，是自其所以乃。且也相与吾之耳矣，庸讵知吾所谓吾之乎？且汝梦为鸟而厉乎天，梦为鱼而没于渊。不识今之言者，其觉者乎？其梦者乎？造适不及

笑，献笑不及排，安排而去化，乃入于寥天一。"①

这段话交织着三个方面的内容：其一，如何理解孟孙氏之"善丧"；其二，孔子对自己和颜回都是"其梦未始觉者"的认识，基本上是《齐物论》中长梧子所说的"丘也，与女皆梦也；予谓女梦，亦梦也"的回响；其三，对孟孙氏的至人之知的尝试性的解说。颜回质疑孟孙氏行礼之简，孔子解说的重点却在于何以不能更简；颜回质疑孟孙氏"哭泣无涕"，孔子回答的却是何以还要哭。简并不是孟孙氏自觉的目的，虽然客观上有简的痕迹。哭亦非有意而为，只是"人哭亦哭"而已。"是自其所以乃"，章太炎说："乃，以双声借为然，如此也。"② "人哭亦哭"，表面看是为他人所动。实际上，也只是自然。从根本上讲，对他人的关切对于双方都只是一种错觉。对于关爱的一方，对他人的照料不过是指向自体之一的维持的自爱的一个方面。而对于被关爱者而言，无论怎样的呵护和照料都无法替代自己对生活的独自担当。甚至为他人所动也是一种错觉。一个人能够真正觉知到他的自体之一的自足，是不会受任何东西的影响的。所谓被他人影响，其实不过是自足性缺失的表现而

---

① 《庄子纂笺》，第59—60页。
② 《庄子解故》，《章太炎全集》第一辑（六），第158页。

已。"人哭亦哭"既不是对他人的关爱，又不是与他人漠不相关，正是自体之一的自觉与自足的充分体现。当然，这种自觉不是知解性的。"自其所以然"的"自"其实是有两重性的：一方面是自主，另一方面又是不由自主。《齐物论》首章："夫吹万不同，而使其自己也。咸其自取，怒者其谁邪?"万物之自己，皆为他者所使。看似"自取"，其实是有统一的"怒者"的。[①]"自"的两重性构成了主体和客体的基础。也正是因为这一点，接下来就引入了"吾之"的讨论。"且也相与吾之耳矣"的"相与"，是相互的意思。前面"子祀、子舆、子犁、子来四人相与语""子桑户、孟子反、子琴张三人相与友"，都是此义。"相与吾之"的主语不明确，从后面"庸讵知吾所谓吾之乎"看，则"吾"可以是"吾之"的主语。而既然是相互"吾之"，则主语就不单是"吾"了。与"吾"相互的当然是同样能够"吾之"的他人。每个人都不仅"吾"自己的"吾"，同时也在"吾"他人的"吾"。当人们将关注的重心放在"吾"他人之"吾"，自然也就忽略了自己的"吾"。于是，他人之"吾"所经历的一切，就映射到了自己的"吾"之上。他人的死映射到自己的"吾"之上，遮盖了作为本己的内涵的死，于是就有了不应有的哀痛。死亡成了

[①] 我们在前面已经谈过，"怒者其谁邪"不是修辞性的设问，而是真正意义上的哲学追问。

外在的经历，而不再内在于自体之一。作为主体的"吾"或"我"不是别的，只是以自身同一的自觉为基础的自我设定——"吾之"。然而，对自身同一的自觉，既自觉于每时每刻的自体之一，又贯穿于不断变化的生存境域，赋予迥然不同的"吾"以同一性。"梦为鸟而厉乎天，梦为鱼而没于渊"，何往而非"吾"呢？如果不去关注他人的"吾"、不以他人的死映射到自己的"吾"上，换言之，不以这种外在的、可经历的死的经验来理解死亡，那么，真正属于本己的"吾"的死亡到底在哪儿呢？属于本己的"吾"的死是无法被对象化的，也不是任何意义上的经验，处于完全的不知之域。对于他人的死亡，孟孙氏"有骇形，而无损心；有旦宅，而无情死"。钟泰说："'有骇形'，谓居丧哭泣。'无损心'，谓不戚不哀。"① 章太炎说："旦即嬗、禅等字之借，言有易居，而无实死也。"② 他人之死是可以经验的，但对于此类经验的理解却只能依据对属于本己之"吾"的死亡的理解，而不是反过来，以外在的、可经验的他人之死来遮盖自己的无法经验的死亡。生者对于自己的生有自觉之知，但其根本处，则是本质上的不知，故"不知所以生"；对于死

---

① 《庄子发微》，第 160 页。
② 《庄子解故》，《章太炎全集》第一辑（六），第 158 页。关于这一句的解释，歧见甚多。然大抵冗碎支离、杂引旁征以合己见，不足深论。钟氏、章氏之说，明白坦易，故从之。

则是完全意义上的不知,不惟"不知所以死",于死本身也是无所知的。不知之知是无内容的知,是始终自身同一的绝对者或独体的呈露。绝对者或独体作为根本知,并不是说它是一种人格性的普遍知觉,而只是其固有的主动性和主宰性的体现。一切具体的知都来源于这根本知,换言之,都来源于主动性和主宰性遇到的阻碍。主动者维持自身同一,但如果没有可扰动其自身同一的,那么主动性何以彰显?主宰者作用和影响其他的存有,如果没有不可掌控的部分,则主宰性的内涵岂不自我消解了?在这个意义上,生是有限的具体的知和有限的具体的不知(知道自己不知道什么),死则是绝对的无知之知(不知道自己不知道什么)。在每一刻的具体的生命经验中,生的有限的知与不知以及死的完全意义上的不知之知都包含于其中。所以,每一刻的自体之一都是完足的。但人们总会执迷于自己的有限之知,从而在根本性的错觉中,丧失了自己的自足。由于每一刻都完足的自体之一中,必然有有限的不知及与之相应的不可掌控的偶然,所以,不可能停留在这自体之一当中,而是必定要转化为另一个同一体。由此,就引入了"化"的问题:"若化为物,以待其所不知之化已乎!"任何一个具体存有都倾向于维持自身同一,但这种倾向又是无法实现的,因为无往而不在变化当中。一切存有都只是在暂时的同一体的维持中,等待着"不知之化"的到来。"不知之化"根源于个体的生命经验里不可掌控的偶然。"化"是必然会到来的，但化成什么却根本上无法确定。然而，无论化成了什么，既然能够从某一个体化为另一个体，两者本质上一定是相通的。这种相通有两个根源：其一，一切具体的个别存有都内涵了不测的无限可能，由此个体化成的另一个体本就包含在其固有的可能性当中；其二，作为一切个别存有的根基的是唯一的、普遍的绝对者或独体。当然，这两者是彼此关联的。人们在经历变化的时候，如何能知道不化者的存在呢？而暂处于自一之体而自以为未化时，又怎么会知道变化的潜运默移呢？

至此，我们可以对庄子关于生死问题的思考做一个总结了。首先，在庄子那里，死亡不是一个外在于本己之"吾"的东西。而"吾"只是不断的自我设定——"吾之"的结果。当然，由"吾之"而来的主体——"吾"并不是无根据的，因此，不是幻相或错觉。"吾之"以及由之而来的"吾"是以对自体之一的自觉为基础的。死既然不外在于本己之"吾"，也就必然是内在于自体之一的。其次，死亡不是知的对象。本己之"吾"的死既是不可对象化的，也是不可经验的。所以，死在自体之一的自觉当中，只是对完全意义上的不知的知。而不知之知又是绝对者或独体的呈露。一切具体的个别存有都有维持自身同一的倾向，但只要生命尚存，这一倾向就不可能实现。绝对者或独体在个体的自觉中的完整呈露，也就意味着自我同一的实现。这一自我同一的实现就是死亡。在这个意义上，死亡可以理解为对绝对者或独体的复归，也就是孟子反、子琴张所说的"而已反其真"。其三，死亡是化的环节。个体存有在有生之时，也面对着不可掌控的偶然，只不过这不测的无限可能内在于存有的自体之一，由之产生的变化仍然被限制在不至于从根本上瓦解个体的自身同一的范围内。死亡作为自身同一的倾向的实现，同时也就意味着自体之一的消解：一面是向绝对同一者的复归，一面是向无尽的"不知之化"的敞开。子犁对"喘喘然将死"的子来说："伟哉，造化！又将奚以汝为？将奚以汝适？以汝为鼠肝乎？以汝为虫臂乎？"[①] 死生为变化之大者，岂有定极哉？

三、造物与造化

我们在前面已经多次指出，在《庄子》内七篇里，哲学概念的展开是有明晰层次的、渐进的、审慎的。到《大宗师》才开始出现的"造物者"和"造化者"的概念，再一次印证了这一点。

造物和造化的概念主要集中在《大宗师》"子祀、子舆、子

---

① 《庄子纂笺》，第56—57页。

犁、子来相与语"章和"子桑户、孟子反、子琴张相与友"章。表面看来,二者完全是等同的。然而,深入考察具体的上下文,则会发现其间细微的差别。这一差别虽然微细,却有不容忽视的重要性:

> 俄而子舆有病,子祀往问之,曰:"伟哉!夫造物者,将以予为此拘拘也!"……其心闲而无事,跰𨇤而鉴于井,曰:"嗟乎!夫造物者,又将以予为此拘拘也!"
>
> 俄而子来有病,喘喘然将死,其妻子环而泣之。子犁往问之,曰:"叱!避!无怛化!"倚其户,与之语,曰:"伟哉!造化!又将奚以汝为?将奚以汝适?以汝为鼠肝乎?以汝为虫臂乎?"①

对比两段文字,前者是从现有的被动接受的形态说的,后者则就将要化作的形态而言。因此,造物着眼于赋予个体存有以具体形态的有和生,而造化则指向生和有的具体形态的消解。造物者与造化者是同一的。但造物和造化两种作用却是相反的,当然亦是相成的。生和有总是在维持自身同一的倾向中不断变化。一旦实现了自身同一,换言之,变化停止了,生命也就消

---

① 《庄子纂笺》,第56—57页。原书标点有误,引文中做了校改。

失了。而变化又总是在生和有的基础上才能出现，如果没有造物的作用所赋予的生和有，造化的作用也就无所施加。从生的角度出发，则造物为体，造化为用；以死的维度看，则造化为体，造物为用。统体而言，则造物与造化互为体用。死生存亡，非一体而何？

当然，上述讨论是就个别存有来体察造物和造化的作用。我们前面谈过，庄子哲学是以主体的直接性为起点的。由此出发，庄子从多个方面论证了客体的存在。这一经过了哲学的审察和验证的客观实存的世界，在庄子那里，被整体性地概括为"一化"和"天地之一气"。客观世界的整体其实就是永不停息的变化：

> 夫藏舟于壑，藏山于泽，谓之固矣。然而夜半有力者负之而走，昧者不知也。藏小大有宜，犹有所遁。若夫藏天下于天下，而不得所遁，是恒物之大情也。特犯人之形，而犹喜之。若人之形者，万化而未始有极也，其为乐可胜计邪！故圣人将游于物之所不得遁而皆存。善夭善老、善始善终，人犹效之，又况万物之所系，而一化之所待乎！①

---

① 《庄子纂笺》，第52—53页。

俞樾说:"山非可藏于泽,且亦非有力者所能负之而走,其义难通。山疑当读为汕。《尔雅·释器》:罧谓之汕。《诗·南有嘉鱼》篇,毛《传》曰:汕,汕樔也。《笺》云:今之撩罟也。藏舟藏汕,疑皆以渔者言。恐为人所窃,故藏之。乃世俗常有之事,故庄子以为喻耳。"① "藏山于泽"一句,确实于义难通。庄子为文虽不拘一格,但即使在寓言里也不会罔顾常理,② 何况是在直接的陈说和申论中。俞樾此处的训释大体可从。郭象释"夜半有力者负之而走"曰:"夫无力之力,莫大于变化者也;故乃揭天地以趋新,负山岳以舍故。故不暂停,忽已涉新,则天地万物无时而不移也。"③ 郭象此解,可谓"妙析奇致"。庄子复起,亦难易其言矣。"藏天下于天下",谓与变化同体。与变化同体者无所藏,故亦无所遁。"恒"者,常也。"恒物",即不变者。无物在变化之外,唯变化恒常不变。而变化无非造化之迹而已。就个别存有而言,则有造物与造化两方面的作用。就大化流行的统体而言,则只见造化之功。造化可兼造物之义。子

---

① 《诸子平议》,第338—339页。
② 比如在《逍遥游》首章,庄子用了大量的篇幅讨论不知有几千里之大的鹏是如何飞起来的。庄子的文章虽有不循常轨之处,但绝不故弄玄虚。从"谓之固矣"看,"藏山"的主语并不是至德者,而是未闻至道的普通人。若"山"读作本字,是无论如何都解释不通的。
③ 《庄子集释》,第244页。

来答子犁之语,曰:"今大冶铸金,金踊跃曰'我且必为镆铘',大冶必以为不祥之金。今一犯人之形,而曰'人耳人耳',夫造化者必以为不祥之人。今一以天地为大炉,以造化为大冶,恶乎往而不可哉!"①这里的造化既指向旧体的销熔,又指向新体的锻造,因此是兼有造物之义的。

对于这一节解释的分歧,主要集中在"藏舟于壑,藏山于泽"一句。在整节的理解上,虽然识见有高下之差、言辞有雅俗之异,但大的方向上基本是一致的。只有钟泰别出新义,就其中解读出政治哲学的涵义来:

"藏舟","舟"以喻君之位也。《荀子·王制篇》云:"传曰:'君者舟也,庶人者水也,水则载舟,水则覆舟。'"是比君于舟,有其所本。舟藏于壑,壑藏于山,山藏于泽,省文但举首尾,故曰"藏舟于壑,藏山于泽"也。或分两事说之,非是。夫舟可负之走,山岂可负之走者哉!有力负舟而走者,谓如田氏之移齐,韩、赵、魏之分晋,皆乘其君之不觉,而先篡其权,后取其位。故比之于"夜半",而曰"昧者不知也"。"藏天下于天下",则如尧之禅舜,舜之禅禹,不私天下于一己,亦即不尸亡天下之名,

---

① 《庄子纂笺》,第57页。

故曰"不得所遁"。①

从上下文看,能够令此节产生政治哲学联想的,应该是前面的"与其誉尧而非桀也,不如两忘而化其道"和本节文字中的"天下"。然而,"与其誉尧而非桀也"一句是承接"不如相忘于江湖"而来的。尧和桀在这里凸显的显然不是政治理念,而是仁与不仁的代表。其义为:与其誉仁而非不仁,"不如两忘而化其道"。"两忘而化其道",即后文的"相忘乎道术"。至于"天下",更不必系于政治哲学的讨论。《庄子》内篇论至德者和闻道者,往往语及天下。《逍遥游》里的许由和藐姑射之山的神人,《应帝王》里的接舆、无名人和老聃,都是如此。不必涉及"天下"便产生与君主相关的联想。更关键的是,钟泰将"藏舟于壑,藏山于泽"理解为"舟藏于壑,壑藏于山,山藏于泽",认为是"省文但举首尾",但并没有举出其他典籍中同类用法的例证。又,若以舟喻君之位,舟最终又藏于泽,则泽之所喻为何?若以泽为水,以水喻民,则藏君之位于民不正好是"不私天下于一己"吗?如果泽所喻指的不是民,那藏君之位于泽又有何义理可言呢?我们前面已经谈过,庄子对于治理没有太多的关注。《庄子》一书中有强烈的政治关怀的,主要是在外、

---

① 《庄子发微》,第142页。

杂篇。钟泰的注解中提到了田氏移齐、三家分晋，应该是受了《胠箧》等篇的影响。

造化者是"万物之所系，而一化之所待"。"一化"或"一气"的说法值得深思。无往而不在的变化是"物之所不得遁"的，是普遍和绝对的，因此必定是无限的。因为是无限的变化，所以变化是永恒不变的。变化既然恒常不变，而不变者不是一又能是什么呢？所以庄子称大化流行的统体为"一化"或"一气"。变化无一息之或停，所以是无定体的。气化的整体当中的具体存有是有暂时之定体的，故可以兼体造物和造化的作用。统体而言，则只有造化。无一息或停的变化，由于是没有定体的，所以，只能理解为一种作用。作用总要有其"依附"的定体。无限变化所"依附"的定体就是所谓的"万物之所系，而一化之所待"。"依附"这个词在这里只是一种权宜的、形象的讲法。变化的作用与定体的关系不可能是一种依附的关系。因为如果是依附的关系，则变化与定体就成了两个，而且两者间是并列的关系。定体不可能是与变化无关的。因为如果与变化无关，则变化就是完全独立的了，又何需定体呢？定体是不能随变化而变的。因为如果随变化而变，那也就完全与变化同一了。既有关联又不随之而动，则定体与变化之间就只能是一种规定或主宰的关系。定体既然是普遍的、绝对的变化的规定者或主宰者，它本身必定是普遍和绝对的。更准确地说，变化的普遍性和绝对性正是由定体赋予的。

四、独体与道体

朱子曾说:"庄子,不知他何所传授,却自见得道体。盖自孟子之后,荀卿诸公皆不能及。"① 又说:"明道亦称庄子云:'有大底意思。'又云:'庄生形容道体,尽有好处。'"② 《庄子》内七篇直接"形容道体"的文字,出现在《大宗师》第三章③:

> 夫道,有情有信,无为无形,可传而不可受,可得而不可见;自本自根,未有天地,自古以固存;神鬼神帝,生天生地;在太极之先而不为高,在六极之下而不为深;先天地生而不为久,长于上古而不为老。④

此节文字后有"狶韦氏得之,以挈天地"一段,钱穆评注曰:"此章言伏羲、黄帝、颛顼云云,似颇晚出。崔本'列星'下,

---

① 《朱子语类》,北京:中华书局,1986 年 3 月,第 369 页。
② 《朱子语类》,第 1028 页。
③ 对于此处的分章,此前的注者也有不同的意见。我们这里依照王叔岷《庄子校诠》和钟泰《庄子发微》的做法,将此节与"死生,命也"一章分开来,独立为一章。
④ 《庄子纂笺》,第 53 页。

尚有'其生无父母，死登假，三年而形遁，此言神之无能名者也'，凡二十二字。① 盖郭象疑而删之，而不知其全章皆可疑也。严复曰：'自"夫道"以下数百言，是庄文最无内心处，不必深究。'"② 钱穆并没有给出更详细的考据，以文段中出现了"伏羲、黄帝、颛顼"等，便疑其晚出，不免失之轻率。③ 狶韦氏云云，盖极言道体之主宰作用。不能因其语涉神话，便断以为晚周神仙家、阴阳家之言。至于引严复语，以为"夫道以下数百言，是庄文最无内心处"，则更不知依据何在。《齐物论》云："非彼无我，非我无所取。是亦近矣，而不知其所为使。若有真宰，而特不得其眹。可行已信，而不见其形。有情而无形。"④ 对比两段文字的共同语汇——"信""情"和"无形"等，我们可以很清楚地看到二者之间的呼应关系。我们前面已经多次提到《庄子》内篇的思想展开与文本展开的高度一致。《齐物论》作为庄子哲学的奠基性环节，其思考是在追问

---

① 这一段佚文，《庄子纂笺》未标明出版，笔者案，该段出自《经典释文》。见《经典释文》，第1448页。

② 《庄子纂笺》，第53—54页。

③ 近几年讲授《庄子》，一直以钱穆《庄子纂笺》为读本。主要是因为《纂笺》注文简略，便于携带，且于历代注家多有征引，可以让学生在增广见闻的同时，建立起对文本解释空间的丰富性和多重性的经验。在具体解释上，《纂笺》虽不无精到处，但整体而言，印象式的断语多于细致的考辨，揣摩式的领会多于有内在统绪的思理。修辞立诚，岂易言哉！

④ 《庄子纂笺》，第11—12页。

中渐进呈显的。由于是在追问中的思考，故《齐物论》以猜测和疑问的语式谈论万变的主宰者——"若有真宰"。而到了《大宗师》，由于有了前面的种种铺垫性的论说，作为一切变化主宰的绝对者的存在已经得到了充分的阐发和论证，因此，可以直陈道体。"情"和"信"都是实的意思。作为万物之真宰的道体不可能不是真实存在的。"无形"，故无法以任何具体的方式来认知。"无为"不是说道体与变化中的万物无关，而是说道的主宰作用并不是一种心知意义上的自觉。所谓不出于自觉，根本上体现为没有设定的目的。"可传而不可受，可得而不可见"，强调并非所有人都有学道的可能，隐含了"南伯子葵问乎女偊"章"圣人之道"与"圣人之才"的关键切割。"自本自根"强调道体的自足。"神鬼神帝，生天生地"，不仅一切存有皆出于道体，一切作用也根源于道体。"鬼"指的是幽冥中的种种作用，"帝"则是显明处的主宰。"神"是"使之神"之义，《易传·系辞》曰："阴阳不测之谓神。"[①] 一切可见的、不可见的作用，都源出于道体。道体亘变化而恒存，是变化和时间的根源，故"自古以固存""先天地生而不为久，长于上古而不为老"。

在庄子那里，只有极少数"有圣人之才"的人才有完整地呈露出道体的可能。所以，达成至德的道路并没有普遍性。"南

---

① 《周易本义》，北京：中华书局，2009年11月，第229页。

伯子葵问乎女偊"章对闻道者与至德者的区分，对于把握庄子哲学至关重要：

> 南伯子葵问乎女偊曰："子之年长矣，而色若孺子，何也？"曰："吾闻道矣。"南伯子葵曰："道，可得学邪？"曰："恶！恶可！子非其人也。夫卜梁倚，有圣人之才，而无圣人之道；我有圣人之道，而无圣人之才。吾欲以教之，庶几其果为圣人乎！"①

庄子并没有告诉我们如何判断一个人是否有"圣人之才"。是否有"圣人之才"完全是被给定的结果。当然，"圣人之才"只是达到至德的必要条件。其具体实现是有待后天的教化和学习的。这一点，我们会在"意而子见许由"章的解说中做更充分的讨论。庄子为什么没有给所有的人赋予达成至德的可能呢？"圣人之才"的非普遍性有什么哲学上的根据吗？抑或仅仅是经验观察的概括和总结？其实正是在这一点上，我们可以清楚地看到庄子对人间世的温情。如果所有人都有达成至人的可能，也就必然有普遍的通往至德的道路。这样一来，也就有了所有人都成为至德者的可能。一旦这样的可能实现了，人间世的秩

---

① 《庄子纂笺》，第54页。

序也就彻底消解了。这种可能性首先在庄子哲学的视野里是不能被接受的。至德者之于平常的人众与绝对者之于万物的关系是同构的。与大化流行的统体不会消归为绝对的自身同一者一样,不可能也不应该出现诡谲万变的人心都消归为齐同万有、不与物变的体独者。可以说,正是由于人间世的持存,才使得庄子的真知之路与任何意义上的彼岸的追求都有根本的不同。除了哲学上的理由,庄子对人伦的根基的保留,恐怕也是一个重要的因素。即使是最个体性的保身全性,"养亲"仍然是必不可少的基本内涵。在人间世的复杂关联里,"子之爱亲"作为有必然性的"命",也是"不可解于心"的。既然"爱亲""养亲"是不可以舍弃的,那么,最基础的人伦秩序就不可以塌陷为全无分别的虚无。在这个意义上,由注定不可能达到至德的普通人维持的人间世及其人伦秩序,是庄子哲学必不可少的环节。而正是这个环节保证了庄子哲学的此世性格。

即使是有"圣人之才"的人,达到独体的呈露也是有阶次的。通过一系列"外"的层层推进,才能达到"朝彻",进而渐至于"不死不生"之境:

> 不然,以圣人之道,告圣人之才,亦易矣。吾犹守而告之,参日而后能外天下;已外天下矣,吾又守之,七日而后能外物;已外物矣,吾又守之,九日而后能外生;已

外生矣，而后能朝彻；朝彻，而后能见独；见独，而后能无古今；无古今，而后能入于不死不生。①

从"外天下"到"入于不死不生"，有两个大的阶段："朝彻"前是一系列"外"的自觉努力，"朝彻"以下则不再是人为的作用所能左右的。"外天下""外物"等努力，当然有自觉的成分，但显然不全都是自觉的。准确一点说，努力的方向是自觉的，但达到的过程却不可能是自觉的。理解这一节首要的关键处在于"朝彻"。

关于"朝彻"，有各种揣摩式的解释。王叔岷说："俞樾云：'《尔雅·释诂》："朝，早也。""朝彻"犹"早达"也。郭《注》曰："豁然无滞，见机而作，斯朝彻也。"正得其义。《释文》引李云"不崇朝而远彻，则当为不朝彻矣。"'奚侗云：'《说文》："朝，旦也。旦，明也。""朝彻"谓"明彻"也。'案李《注》'不崇朝而远彻'，亦是'早达'之意，俞说泥矣。惟由三日至九日进修，已非早达，'朝彻'犹'明达'也，奚说较胜。"② 钱穆仅于"朝彻"下征引了三家疏释，未作断语："郭象曰：'豁然无滞。'成玄英曰：'如朝阳初启。'武延绪曰：'"朝"当读为

---

① 《庄子纂笺》，第 54—55 页。
② 《庄子校诠》，第 236—237 页。引文标点有调整。

"周"。"周彻",犹洞彻也。'"钟泰未作训读,只给出义解:"'朝彻'者,蔀障既撤,光明现前,有如朝日之出,物无隐形,故曰'朝彻'。"① 这些解释既没有上下文的明确照应,也没有《庄子》内篇中令人信服的依据,各凭己意造说,义虽参差,其失则一。事实上,《大宗师》里有明显可与此节相互发明的一章:

> 颜回曰:"回益矣。"仲尼曰:"何谓也?"曰:"回忘仁义矣。"曰:"可矣,犹未也。"它日,复见,曰:"回益矣。"曰:"何谓也?"曰:"回忘礼乐矣。"曰:"可矣,犹未也。"它日,复见,曰:"回益矣。"曰:"何谓也?"曰:"回坐忘矣。"仲尼蹴然曰:"何谓坐忘?"颜回曰:"堕枝体,黜聪明,离形去知,同于大通,此谓坐忘。"②

此节的"忘",就是上一节的"外"的更具体的义涵。③ 颜回与卜梁倚所忘的节次不同,但都是通过"忘"来达到更高境界的。颜回作为孔子的弟子,关注的是人间世的价值和礼乐。天下及万物皆与价值和礼乐有关,所以,颜回的忘仁义、忘礼乐与卜

---

① 《庄子发微》,第147页。
② 《庄子纂笺》,第61页。
③ 郭《注》曰:"外,犹遗也。"成《疏》曰:"外,遗忘也。"《庄子集释》,第253页。

梁倚的外天下、外物并无本质的不同，区别在于两者观照世间万物的视角。仁义是以知为基础的价值判准，跟是非交织在一起，① 因此是忘的第一步。礼乐浸润于人的生活世界和日常经验，与之相关联的知是没有被普遍化的、局于一域的可不可之知，影响微细，且习与性成，忘之不易，故次及之。卜梁倚先忘天下，再外物。既然将天下与物分开来讲，则应该是就作为政治关怀的对象的天下而言的。② 卜梁倚之忘，比颜回多了一个"外生"的环节。其实在颜回那里，也有这个环节，只不过被包含在"坐忘"当中了。"堕枝体，黜聪明，离形去知"，非忘生而何？通过对卜梁倚和颜回的进境的对比，我们可以确定"朝彻"与"坐忘"的关联。更具体地说，"朝彻"的内涵就是"坐忘"的"同于大通"。钱穆所引武延绪《庄子札记》所说的"'朝'当读为'周'"，应该是正解。朝读为周，彻有通的意思，"朝彻"就是普遍地通达，与"同于大通"同义。颜回止步于"同于大通"的"坐忘"，没有进一步对独体的呈露和体达，所以，终归要回到言语和思想的世界，作为有见于道体的知道者保留住对

---

① 《齐物论》："自我观之，仁义之端，是非之涂，樊然殽乱，吾恶能知其辩！"《庄子纂笺》，第20页。

② 成疏曰："天下万境疏远，所以易忘；资身之物亲近，所以难遗。守经七日，然后遗之。故郭注云，物者朝夕所须，切己难忘者也。"《庄子集释》，第254页。亦通。

于本质上不可道说的绝对者的某种道说的可能。卜梁倚则由"见独"而进达至德之境，同时也陷入了至德者的沉默。

值得注意的是，在达到"朝彻"之前，是有明确时间的："叁日而后能外天下""七日而后能外物""九日而后能外生"，"朝彻"以后则不再有具体的时间。钟泰注意到了这一变化，并给出了解释："不言日数者，一彻则俱彻，更无先后渐次也。"①这一理解有两个问题：其一，颜回也达到了"同于大通"的境地，为何没有能"一彻则俱彻"，像卜梁倚那样"入于不死不生"呢？其二，如果是"一彻则俱彻"，"朝彻"以下又何必要区分出这许多层次？而且，"朝彻"以后的一系列"而后"又做何理解呢？认为达到"朝彻"就超越了时间的维度，显然与文本不符，因为女偊明确说："见独，而后能无古今。"另外，"无古今"也并不是消解了时间，因为"无古今"后面还有一个"而后"。"无古今"只是不再有古今的分别而已。只有"入于不死不生"之后，才在根本上达到了对时间的超越。"朝彻"以后的进境既然仍在时间中，那么"不言日数"就别具深意了。无明确时间计量的"而后"，意味着完全意义上的不可掌控，任何有自觉成分的努力都无从施加。卜梁倚的"圣人之才"在这里得到了充

---

① 《庄子发微》，第 147 页。

分的体现。① 通过有自觉成分的忘的功夫，闻道者可以达到"同于大通"的高度。这个境地，其实与南郭子綦的"隐机"、孟子反等人的"游乎天地之一气"是一致的。孔子对颜回的"坐忘"的评价，可以视为对这一闻道者的境界的总结："同则无好也，化则无常也。"孔子以化之无常理解"大通"，则"大通"即通达无限变化之义。同于无常之化，则能不为物化所动。这也就在根本上建立起了不可动摇的主动性。实现了这一主动性的闻道者与至德者仅未达一间，但这一间却是天壤悬隔的。"见独"与否是关键所在。"见独"之"见"，我倾向于读如"现"。"见独"即独体之呈露。在心知中呈露出独体的，才能抵达至德之域。独体的呈露，使至德者不仅有不为物化所动的主动性，还有对万物的主宰作用。这是闻道者与至德者的根本分别。

"忘"是抵达至德的唯一道路。当然，这一道路并不是普遍的。所谓"忘"，就是由有所知返归无所知的过程。《大宗师》首章"知人之所为者，以其知之所知，以养其知之所不知"，其实就是"忘"的内涵。只要是可忘的知，就不是确定的、恒常的。知道自己的有所知的不确定性和非恒常性，也就更进一步明确了自己本质上的无所知。当然，道理上的接受并不等于实

---

① 钟泰认为："由三日而七日而九日，言其次第也。日之不多者，以倚有圣人之才，故进之速也。"《庄子发微》，第147页。此说不得要领。

际上的做到。以无知之知为目标的"忘"当然有自觉的成分，但能否真正"忘"却不是自觉的人为所能左右的。知道应该"忘"而无法做到的，是受了"天刑"的"天之戮民"。能通过"亡其知"而进达无知之知，并藉此呈露出绝对者和独体的，只有真正的至德者。

"不死不生"的独体是一切具体存有的生与死的根源。当然，独体并不在万有的存在之外，也不会将变化中的万有消归到其绝对的同一性当中：

> 杀生者不死，生生者不生。其为物，无不将也，无不迎也；无不毁也，无不成也。其名为撄宁。撄宁也者，撄而后成者也。①

能够终结一切具体存有的，自身不能消亡。如果"杀生者"自身可以消亡，那么，个别的具体存有就有不再终结的可能。这样一来，大化流行的统体最终会消耗为僵死不变的，从而沦为有限的东西。能够产生一切存有的，自身没有产生的开端。如果"生生者"有产生的开端，那既然是可产生的，也就意味着是可消亡的。"产生"意味着存有的实在性的获得，而如果存

---

① 《庄子纂笺》，第55页。

有的实在性是获得来的,也就不是内在固有的,当然也就有失去的可能。"生生者"既然有产生和终结,那岂不沦为一般的具体存有了?作为一般的具体存有,怎么能成为一切存有的产生者呢?不死的杀生者和不生的生生者在根本上又必然是同一的。能够产生一切具体存有的,与能够终结一切具体存有的,都必然是普遍的。既然都是普遍者,如果两者不是在根本上同一的,也就有了相互的对待,从而不再是绝对的和无限的。没有绝对性和无限性的普遍者是不可能的。"杀生者"和"生生者"既然在根本上是同一的,作为其根源的就只能是独体了。独体既是"杀生者",又是"生生者"。"杀生"与"生生"是独体的两种作用,其实也就是我们前面讨论过的"造化"与"造物"。"将"是送的意思。值得注意的是,"杀生者""将"和"毁"在前,而"生生者""迎"和"成"在后,独体的作用是指向生成而非消解的。庄子将独体的作用称为"撄宁"。对"撄宁"的解释,也是歧说百出。郭《注》曰:"夫与物冥者,物萦亦萦,而未始不宁也。"① 崔譔云:"有所系著也。"② 可知郭象本和崔譔本"撄"字写作"萦",并且都理解为"系著"之义。成《疏》则曰:"撄,扰动也。宁,寂静也。"则所用文本已经与郭象不

---

① 《庄子集释》,第 255 页。
② 《经典释文》,第 1449 页。

同了。将"宁"解为安宁或寂静,应该都不合庄子本意。对于"撄宁",庄子是给出了自己的解释的:"撄宁也者,撄而后成者也。"且不论"撄"字如何解释,至少"宁"的意思是明确的,就是"成"的意思。"撄"字既有异文,具体如何训读,恐难有确解。但通过庄子自己的解释,我们是可以明白其大义的。"撄而后成",则"撄"应该与"成"相反。毁而后成,则毁指向的是成。这与此节将迓先于迎、毁先于成的安排是一致的。《齐物论》中已经有关于成与毁的议论:"其分也,成也;其成也,毁也。凡物无成与毁,复通为一。"[①]成与毁是"通为一"的。究竟是成还是毁,取决于从何者的角度看。对于任一具体存有来说,其成意味着与大化的统体的界限的建立,是一种"分"割;其毁则意味着重新融入到整体当中。旧的具体存有的毁,指向新的事物的成。至于从大化流行的统体看,则既可以视作无毁无成,又可以理解为即毁即成。"撄而后宁",即毁而成之义——即毁即成又无毁无成。

在《庄子》内篇里,对独体及其作用的阐发反复出现,几乎贯通全篇。《逍遥游》中的"旁礴万物以为一"、《齐物论》中"参万岁而一成纯"、《德充符》中的"使日夜无郤,而与物为春"、《大宗师》中的"安排而去化,乃入于寥天一",作为始终自身同一

---

① 《庄子纂笺》,第15页。

的绝对者的独体对"天地之一气"的无限变化的主宰作用被不断地强调。独体是万物的根源,所以可称为"大宗"。在《大宗师》"意而子见许由"章,独体又被称作"吾师":

> 意而子见许由,许由曰:"尧何以资汝?"意而子曰:"尧谓我:'汝必躬服仁义,而明言是非。'"许由曰:"而奚来为轵?夫尧既已黥汝以仁义,而劓汝以是非矣;汝将何以游夫遥荡恣睢转徙之涂乎?"意而子曰:"虽然,吾愿游于其藩。"许由曰:"不然。夫盲者无以与乎眉目颜色之好,瞽者无以与乎青黄黼黻之观。"意而子曰:"夫无庄之失其美,据梁之失其力,黄帝之亡其知,皆在炉捶之间耳。庸讵知夫造物者之不息我黥,而补我劓,使我乘成以随先生邪?"许由曰:"噫!未可知也。我为汝言其大略。吾师乎!吾师乎!赍万物而不为义,泽及万世而不为仁,长于上古而不为老,覆载天地、刻雕众形而不为巧。此所游已。"①

许由与尧的再次出现,提示出此章与《逍遥游》"尧让天下于许由"章的隐含的指涉关系。尧强调的"躬服仁义,而明言是非",被许由斥为"黥""劓",从而与《养生主》的"遁天之刑"、《德

---

① 《庄子纂笺》,第60—61页。

充符》的"天刑之"和《大宗师》的"天之戮民"等关联起来。尧既然对意而子"黥以仁义""劓以是非",则应该也在"天刑之"的范围内。然而在《逍遥游》里,"尧治天下之民,平海内之政,往见四子藐姑射之山,汾水之阳,窅然丧其天下焉"[①]。则"天刑"并不像叔山无趾所说的那样不可解。当然,尧也仅止于"丧其天下"而已,揆诸卜梁倚进道的阶次,只达到了"外天下"这个层次。也就是说,依靠后天的"炉捶",的确有可能"息黥""补劓",从而全复其本然。然而,每个人自然的限度是无法超逾的。"无庄之失其美,据梁之失其力,黄帝之亡其知"三者,只有黄帝的"亡其知"是达到了至德之域的。独体只能在无知之知中呈露。而正如我们前面讨论过的,独体不可能是无知之知的对象,无知之知是没有认知的对象的。独体在无知之知中呈露,并不是说独体和无知之知是可以分割开来的两个,恰恰相反,独体与无知之知是同一的。作为无知之知的独体,其实就是根本知。既然独体是根本知,也就是一切知的基础。正是在这个意义上,庄子藉许由之言给出的称谓——"吾师",才是可以理解和接受的。

---

① 《庄子纂笺》,第5页。

五、命

《大宗师》的最后一章收结于"命"。与此前出现的指涉万物之根源的概念——如"真宰""真君""常心"、一、道、独等相比,"命"是最具统括性和总结性的。也正因为这一点,在《庄子》内篇里有总结性质的《大宗师》才会以此作为全篇的结尾:

> 子舆与子桑友,而霖雨十日。子舆曰:"子桑殆病矣!"裹饭而往食之。至子桑之门,则若歌若哭,鼓琴,曰:"父邪!母邪!天乎!人乎!"有不任其声,而趋举其诗焉。子舆入,曰:"子之歌诗,何故若是?"曰:"吾思夫使我至此极者,而弗得也。父母岂欲吾贫哉?天无私覆,地无私载,天地岂私贫我哉?求其为之者而不得也。然而至此极者,命也夫!"[①]

在《德充符》"鲁哀公问于仲尼"章里,已经有"命"这个概念的正面阐发:"死生存亡,穷达贫富,贤与不肖,毁誉、饥渴、寒暑,是事之变,命之行也。"[②]在这段论述里,"命"这个概

---

① 《庄子纂笺》,第61页。
② 《庄子纂笺》,第46页。

念的外延得到了明确的界定。无论是"死生存亡"这样有必然性的变化，还是"穷达贫富"之类的偶然，无论是"贤与不肖"等与价值判断有关的品性，还是"饥渴、寒暑"等实然的境遇，都在"命"的范围里。值得注意的是，"死生存亡"的必然并不是经验层面上规律性关联的所谓必然。对于任一具体存有而言，死、亡都是其内在固有的东西。死亡与穷达等的不同是显见的。死亡是必然的，这可以通过人能选择赴死来证明。人能选择赴死，意味着死是可自主决定的。虽然具体的死的过程和方式总是有偶然性的。"穷达"则不同，没有人能完全自主地决定自己是"穷"还是"达"。① 与"鲁哀公问于仲尼"章着眼于"命"这个概念的外延不同，这一章以最醒目的方式直接指向其概念内涵的揭示。

个体在"命"面前的被动性，是整章文字上最具冲击力的所在，也是义理展开的关键。由于"命"的必然的主宰和支配作用，所以，其与个体一定是内在的关联。如果两者间是外在的关系，则个体就会有不在"命"的主宰和支配范围的部分。这样一来，"命"的普遍性就被否定掉了。而这与前述庄子哲学中的"命"这一概念的外延是不相符合的。《大宗师》前面的各

---

① 当然，可能有人会质疑："达"不能自主决定，难道"穷"也不能？自主地选择与"达"相反的"穷"，也就根本算不上没有出路的"穷"了。

章更多讨论的是生死之类有必然性的事情。正如我们前面反复论及的，对于每个个别的存有而言，生死之所以是必然的，在于都是自体之一的体现。生是维持自体之一的倾向，但生只要还延续着，自体之同一就不可能实现。一旦达到了自体之一，生也就瓦解了。在这个意义上，死就是自体之一的实现和完成，庄子所谓"反其真"者，正谓此也。生既有维持自身同一的倾向，而自体之一一旦达到，也就意味着生的终结，这等于说生是以对其自身的消解为目标的。作为自体之一的实现，死当然不可能外在于生的统一体。换言之，死在生的内部。生的维持自体之一的倾向根源于贯穿在生命历程的种种变化中的恒常不变的同一者，也就是庄子所说的"常心"和"一知之所知，而心未尝死者"。持续的自我设定——"吾之"亦以此为基础。生根源于自身同一的绝对者，又以自身同一为目标。所以，死就在生的根基处。庄子说"死生存亡之一体"，并不是任何意义上自我安慰性质的境界论，而是真实的哲学洞见。既然"死生存亡"都归属于"命"的范畴，则其必然性也一定根源于此。而我们前面已经反复阐发和论证了作为绝对者的独体是个体存有的内在必然性的根源。所以，"命"与独体的所指是同一的。两者的不同在于强调的侧重点，"命"其实就是个别的具体存有对独体的作用的领会。

与之前各章更关注"死生存亡"等必然的生命环节不同，

在这一章里，庄子的重心放在了偶然的境域上。子舆所说"子桑殆病矣"的"病"与子桑自况的"贫"之间的差别值得留意。《史记·仲尼弟子列传》：

> 孔子卒，原宪遂亡在草泽中。子贡相卫，而结驷连骑，排藜藿入穷阎，过谢原宪。宪摄敝衣冠见子贡。子贡耻之，曰："夫子岂病乎？"原宪曰："吾闻之，无财者谓之贫，学道而不能行者谓之病。若宪，贫也，非病也。"子贡惭，不怿而去，终身耻其言之过也。①

《大宗师》末章"病"与"贫"的对举，可能提点出了庄子之学与原宪的某种关联。我们前面已多次谈到庄子对孔门掌故的熟悉。原宪与子贡的故事应该流传甚广。以庄子对孔子后学的了解，不会无所知闻。《大宗师》里子祀、子舆、子桑户、孟子反、子桑等，都可以视为庄子本人在故事中的映像。在这一篇的结尾将自己的身影与原宪的故事以隐蔽的方式关联起来，应该不无深意吧。《庄子》外杂篇里有原宪与子贡的故事。《让王》载："原宪居鲁，环堵之室，茨以生草；蓬户不完，桑以为枢；而瓮牖二室，褐以为塞。上漏下湿，匡坐而弦。子贡乘大马，中绀而

---

① 《史记》，北京：中华书局，1982年11月，第2208页。

表素,轩车不容巷,往见原宪。原宪华冠縰履,杖藜而应门。子贡曰:'嘻!先生何病?'原宪应之曰:'宪闻之:无财谓之贫,学而不能行谓之病。今宪贫也,非病也。'子贡逡巡而有愧色。原宪笑曰:'夫希世而行,比周而友,学以为人,教以为己,仁义之慝,舆马之饰,宪不忍为也!'"① 与《史记》的记载相比,《让王》篇中的故事要生动丰富得多。司马迁肯定是读过《庄子》的,既然不取《让王》篇的记述,则两者应该是同事异记。这可以从侧面佐证这一故事的广泛传播。更有趣的是,在《庄子》外篇《山木》里,这个故事被直接挪到了庄子身上:"庄子衣大布而补之,正絜系履而过魏王。魏王曰:'何先生之惫邪?'庄子曰:'贫也,非惫也。士有道德不能行,惫也;衣敝履穿,贫也,非惫也。此所谓非遭时也。……今处昏上乱相之间,而欲无惫,奚可得邪?此比干之见剖心征也夫!"② 《庄子》杂篇或有庄子残篇存焉,外篇则基本上是后世学庄者所为。《山木》篇的作者将原宪的故事转移到了庄子身上,且增添了原本故事中没有的、但符合庄子思想的"非遭时也"的解释,应该是在有所依凭的基础上的再创造吧。庄子之学或渊源于原宪之门乎?

贫富等偶然的境遇也在"命"的范围里——"然而至此极

---

① 《庄子纂笺》,第 236—237 页。
② 《庄子纂笺》,第 161—162 页。

者,命也夫"。偶然的遭际之所以是偶然的,在于其根本上的不可知和无法掌控。在个别的具体存有的存续过程中,有一些必然的环节,比如庄子所说的"夫大块载我以形,劳我以生,佚我以老,息我以死"。这些必然环节之所以是必然的,是因为它们都是具体存有的自体之一的倾向中固有的内涵。作为自体之同一的倾向的必然的展开环节,其具体的实现过程又是有偶然性的。在经验层面上具体存有间的联系并没有必然性,只是一定条件下某种程度的规律性关联而已。对于这类规律性关联的认识常常会造成一种印象:人类已经掌握了关于世界、关于人自身的知识整体的大部分,并且随着自然科学的推进,我们终将获得充分的知识并由此达到对一切的宰制和支配。这样的印象虽然从来没有被证明过,也不可能得到证明,但由于实际应用方面的持续发展以及由之而来的巨大影响,早已被作为不容置疑的信念广泛接受。只有在某些突然降临的意外当中,人们才会偶尔瞥见这个世界本质上的不测和偶然的真相。不测的偶然发生在由具体存有构成的世界的所有层面,所以是必然和普遍的。偶然是不可知和不可掌控的。这个不可知至少包含两个方面:其一,不知其所由来,所以子桑说:"吾思夫使我至此极者,而弗得也";其二,偶然的具体内容也不得而知,严格说来,没有人知道下一刻的实际遭遇里究竟会有些什么。不可知的、必然的、普遍的偶然在"命"的范畴里,与"命"呈显出来的必然性的一面同样,都是独体的作用的体现。独体作为始终自身同一的绝对者,是"天地之一气"或"一化"的主宰者。如果气化流行的统体不是无限变化的,就会消弭于自身同一的绝对者。而这样一来,主宰者失去了主宰的对象,主宰义也就从根本上被瓦解了。独体若丧失了主宰性,那就只剩下绝对的自身同一了,从而成为纯粹抽象的存在,这样的存在其实就是不存在。那样的话,整个世界就只能是绝对的虚无了,连幻相都无从产生的绝对死寂的虚无。而这样的世界图景是不可能的。独体的自身同一不能只是自身相关的,它必须得有能恒常作用和影响的主宰性。而独体的主宰义逻辑地包含了无法掌控的无限变化。其实,对于一气之化的统体而言,独体的主宰作用就体现为变化的恒常性。变化既是恒常的,则必定是无限的,亦即无法完成和确定的。当然,这样的讨论只是出于思理上分解的必要,并不是说独体与"一化"是割裂开来的。从认知的角度看,独体是在无知之知中呈露出来的。无知之知没有所知的对象,独体在根本上又不可以对象化,独体既然能在无知之知中呈露,二者只能是同一的。在这个意义上,独体是根本知。独体作为根本知,内在于个体的心灵,是"吾之"的自我设定的基础,也就是个别性的主体的根源。个别性主体由于是个别的,所以有内在和外在的分别。内在于个别性主体的,是根源于独体的自身同一。由于有内外的分别,个别性主体的自身同一就只能在与外在的不测变化持恒地交互作用当中，其结果是，只要个别性还在，其自身同一就只能是一种倾向。这种倾向的实现，就意味着个别性的消解。作为个别性主体的根基的独体或根本知，其实就是绝对主体。而被个别性主体排斥为外在的，是同样根源于独体的无限变化。无限变化的"天地之一气"是独体的主宰义的具体体现，是从根本上无法完成和确定的，其不可掌控的客体性也根源于独体。在这个意义上，独体又是绝对客体。作为绝对主体的独体与作为绝对客体的独体是不可分割的同一体。从个别性主体的角度看，绝对主体与绝对客体都是根本上不可知也不可掌控的，因此，统归到"命"这个概念下。庄子以"命"的主题收结《大宗师》全篇，其旨深矣。

第十章　帝王与主宰

达到至德之域的见独者"命物之化，而守其宗"，不可能是与万物隔绝的孤立存在。作为"才全而德不形"的全德之人，只有他们才有实现"明王之治"的可能。然而，以至德者居王者之位，非但没有必然性，反而只能在偶然的历史机遇里出现。那么，至德之人能否引导现世的王者达成圣德，并藉此实现理想的治理呢？从一般的思理上说，这是一条可行的道路。然而在庄子那里，答案却是否定的。因为庄子强调只有"有圣人之才"者才可能达到至德之域。这样一来，"明王之治"能否出现就完全取决于历史的机缘了。至人当然还可以通过"不言之教"来发挥对人间世的影响，如《德充符》首章的王骀，但其影响终归是有限的。甚至，"不言之教"的作用的扩大还有赖于闻道者和知道者的阐扬。《应帝王》篇的主旨，一般是从外王的角度理解的。① 在《庄子》内七篇里,《应帝王》的确是讨论治理问题最多的。但值得注意的是,其首章和末章的核心关注并不在于政治。全篇篇幅最长的"郑有神巫曰季咸"一章,更是完全与治理无关。将《应帝王》强调为庄子哲学的"外王"一面的体现,还是受了《天下》篇"内圣外王之道"的概括的影响。② 其实,即使在《应帝王》明确谈论政治问题的三章里,庄子也透露出对治理的漠不关心。既然"明王之治"非人为的努力所能达致,那又何必多费思量呢?综合《应帝王》全篇,"帝王"主要强调的并不是天下的治理,而是凸显其主宰义。"应帝

---

① 钟泰释题曰:"《应帝王》,明外王也。'帝王之功,圣人之余事'(语见《让王篇》),亦应之而已矣,故曰'应帝王'也。'应'读去声。其见于《齐物论》者,曰'枢始得其环中,以应无穷',见于外篇《知北游》者,曰'其用心不劳,其应物无方',见于本篇者,则曰'至人之用心若镜,应而不藏,故能胜物而不伤',并可证也。郭《注》:'夫无心而任乎自化者,应为帝王也。'曰'无心',曰'任乎自化',推其意,'应'亦当为因应之应,非谓如是当为帝王也。后之解者不察,或读'应'为平声,以为惟圣人当居帝王之位。(清宣颖《南华经解》说即如是)不独失本书之旨,亦违子玄注《庄》之意矣。"《庄子发微》,第 167 页。将"应"读为"因应"之应,则"应帝王"应该作**帝王应**才是。至于连郭《注》说得如此明白"应为帝王"的"应"也要勉强解作"因应"之应,则不知道"应(ying)为"到底作何理解了。从《应帝王》的内容看,"应"字还是"应该"的应。郭《注》释为"应为帝王"是对的,只不过"帝王"的涵义还有待进一步的阐发。

② 其实,《天下》篇并没有将庄子哲学界定为"内圣外王之道"的意思。庄子哲学只是"古之道术有在于是者"之一。而"古之道术有在于是者"恰恰是"内圣外王之道,暗而不明""道术将为天下裂"的结果。《庄子纂笺》,第 266—267 页。

王"是应作主宰之义,是此前所达到的真知在具体生存层面上的实现。其主要指向仍是个体性的。

一、出于非人与入于非人

《应帝王》开篇"啮缺问于王倪"章显然与《齐物论》"啮缺问乎王倪"章有关。然而,两者之间又有不容忽视的差别。不仅对话场景的纵深改变了——啮缺和王倪的对话作为另一对话的引子被简约为一句,原来对话中角色的思想特质也发生了改变:

> 啮缺问于王倪,四问而四不知。啮缺因跃而大喜,行以告蒲衣子。蒲衣子曰:"而乃今知之乎?有虞氏不及泰氏。有虞氏其犹藏仁以要人;亦得人矣,而未始出于非人。泰氏其卧徐徐,其觉于于;一以己为马,一以己为牛;其知情信,其德甚真,而未始入于非人。"①

至少从表面上看,"四问四不知"与《齐物论》里的对话明显不符,是有必要给出解释的。钱穆《纂笺》说:"陈景元曰:'四问:

---

① 《庄子纂笺》,第63页。

一"同是",二"所不知",三"物无知",四"利害"。'穆按:据是,知此篇之成,在齐物论之后。"① 前面三问以及与之相应的不知没什么疑点,关键是第四问。《齐物论》中的相关对话:"啮缺曰:'子不知利害,则至人固不知利害乎?'王倪曰:'至人神矣!大泽焚,而不能热;河汉冱,而不能寒;疾雷破山、风振海,而不能惊。若然者,乘云气,骑日月,而游乎四海之外。死生无变于己,而况利害之端乎!'"② 啮缺的第四问中,"子不知利害"是对前面三问三答的总结,由此引出这一问的重心"至人固不知利害乎"。从王倪的回答看,他对于这个问题并不是"不知"的。至人既然能不为死生之变所动,又怎么会在意利害之类细小的分别呢?既然能不受利害之别的影响,当然也就是"不知利害"了。所以,与第四问相对应的"不知"是王倪所知的至人之"不知"。啮缺接下来的反应——"因跃而大喜"也令人费解。钟泰说:"'跃而大喜'者,领夫不知之旨,而为之豁然也。"③ 闻道豁然,何至于"跃而大喜"。此前六篇中,

---

① 钱穆根据《应帝王》这一章与《齐物论》"啮缺问乎王倪"章之间的关系,得出《应帝王》成于《齐物论》之后的结论。这个结论成立的前提是:《庄子》内篇的写作不仅是一次性写成的,而且写成以后就具备传世本这样的完整形态。否则最多只能说《应帝王》篇这一章撰成于《齐物论》"啮缺问乎王倪"章之后。疏于推详而果于立论,钱氏之考证,率多此类。

② 《庄子纂笺》,第20页。

③ 《庄子发微》,第168页。

聆闻道之言者夥矣，未尝有如此夸张的表现。《齐物论》里啮缺与王倪的对话给人的印象是王倪是闻道者和知道者，而啮缺则是质疑者。正是这样的印象，才使得《应帝王》首章里啮缺的表现显得突兀。实际上，《齐物论》里啮缺与王倪的关系跟瞿鹊子与长梧子的关系是不同的。其突出体现于二者间对对话一方的称谓方式的不同。瞿鹊子对长梧子用的是"吾子"，是表尊敬意的用法，而长梧子则径称瞿鹊子"女"。两者不是对等的，而是引导者与被引导者的关系。《庄子》内篇的对话里，相互之间的称谓是一丝不苟的。概括起来，有四种情况：其一，问道者对闻道者用尊称。《逍遥游》里尧称许由为"夫子"，许由对尧则只用"子"；《大宗师》里意而子称许由"先生"，许由应之以"而""汝"。其二，问道者不用敬称，反而是闻道者用尊敬语。这种情况比较特殊，只出现在《人间世》"叶公子高将使于齐"一章。在这一章里，叶公子高称呼孔子为"子"，而孔子反称其为"夫子"。孔子与叶公子高年辈相近，之所以会出现这种情况，应该是因为实际上的社会身份的悬殊。《论语》里涉及孔子与叶公的对话，都没有出现彼此对对方的称呼。庄子在虚构的对话里呈现出来的两者的关系，或别有所本。其三，由于问道与闻道关系的异位，称呼也随之改变。《德充符》"叔山无趾踵见仲尼"章，孔子刚开始称无趾"子"，在被无趾批评以后，改称"夫子"。从这一称呼的变化看，在庄子那里，称谓语绝不是随意使用的，而"子"确实不是敬称。其四，闻道者间对等的称谓。《大宗师》"子祀、子舆、子犁、子来相与语"章子祀称呼子舆、子犁称呼子来都用"女"，"子舆与子桑友"章子舆称谓子桑用的是"子"。瞿鹊子与长梧子的关系属于第一种情况，齧缺与王倪则属于第四种，因为两人之间是以"子"和"女"互称的。换言之，齧缺不是问道者，对王倪的"四问"与子祀之问子舆、子犁之问子来、子舆之问子桑一样，是闻道者之间的相互证验。当然，即便如此，"因跃而大喜，行以告蒲衣子"的反应仍不免过度之嫌。蒲衣子"而乃今知之乎"的反问暗示出齧缺所告者是两人之前已经谈论过的，接下来才是进一步的申发。从蒲衣子的话题很自然地转到有虞氏和泰氏这样的上古圣王看，王倪应该是有王者之位的。"王倪"之称应与"庖丁"相类，前字表身份，后字是人名。齧缺从王倪的"四问四不知"，看到了其成为圣王的可能。[①] 由于看到了"明王之治"实现的希望，故"跃而大喜"。

有虞氏犹有仁者之怀，对百姓未能做到"相与于无相与，相为于无相为"（《大宗师》）。其"得人"也不是"唯止，能止众止"（《德充符》）的至德的效验。"非人"指的是"天"。

---

① 王倪虽然仍是言说者，未达至德之域，但从他所说的"庸讵知吾所谓知之非不知邪？庸讵知吾所谓不知之非知邪"看，他对不知之知已经有了极深的理解。因此，可以将其视为有成为至人的潜质的。《庄子纂笺》，第20页。

之所以不直接说"天",是因为从知的角度看,"天"的存在及其内涵是由人的方面证明和规定的。"未始出于非人",则有虞氏虽不无人为之迹,但毕竟没有与"天"割裂开来。与有虞氏尚有对天下的关切不同,泰氏只有自己本真的存在。"一以己为马,一以己为牛",是对由"吾之"而来的自我设定的"忘"的结果。"其知情信"的"情信"二字,直接关联到《大宗师》的"夫道,有情有信"。"情""信"既然是道的特征,则泰氏之知必定是使道体呈露的知,即《德充符》里孔子所说的"一知之所知"的知。我们在前面讨论过,道体或独体是在不知之知(或知无知之知)中呈露的。独体或道体即是根本知。泰氏的"情信"之知也就是与道同一的根本知。"甚真",即诚真。[①] 诚真之真,正《齐物论》所谓"如求得其情与不得,无益损乎其真"之真。"甚真"之德,亦即《德充符》"才全而德不形"之全德。全德必是绝对待者,惟始终自身同一的独体足以当之。泰氏之德之知皆造"见独"以后的至德之域。在《应帝王》的首章出现,正与卒章的浑沌呼应。"未始入于非人",则虽真知呈露,毕竟不离人间。既不离人间,又无怀仁之藏,故能行至治于天下。

---

① 《庄子校诠》,第 276 页。

二、明王之治

《庄子》内篇当中,正面谈论治理之道的只有《应帝王》篇的"肩吾见狂接舆""天根游于殷阳"和"阳子居见老聃"三章。三章的侧重各有不同。

"肩吾见狂接舆"章是对典型的错误理念的批评。肩吾与接舆的对话关系在《逍遥游》"肩吾问于连叔"章中已经出现过。在那一章里,肩吾"惊怖于"接舆之言的"大而无当,往而不反",被连叔斥为知之聋、盲者。前文肩吾的无知体现为对至德者及其对万物的作用的无法领会,此章则体现为对治理原则的误解:

> 肩吾见狂接舆。狂接舆曰:"日中始何以语女?"肩吾曰:"告我君人者,以己出经式义度,人孰敢不听而化诸!"接舆曰:"是欺德也。其于治天下也,犹涉海凿河,而使蚊负山也。夫圣人之治也,治外乎?正而后行,确乎能其事者而已矣。且鸟高飞以避矰弋之害,鼷鼠深穴乎神丘之下,以避熏凿之患,而曾二虫之无知!"[①]

[①] 《庄子纂笺》,第63—64页。

"以己出经式义度"一句，文字、标点皆有异说。① 但在大义的把握上，各家的理解基本一致：依自己的标准确立仪则法度。"欺德"，郭《注》曰："以己制物，则物失其真。"② 欺德，即不真之德。与下文的"治外"正相呼应。"治外"则无内在之实，从而失其本然之真。以外在的服从为目标的治理，显然不是圣人之治。③ 以此为原则来治理天下，就如步行过海、凿陆为河、让蚊虫负山一样，是完全没有成功的可能的。④ 圣人之治，无非是每个人都能返归其性命之正，如郭象所说"不为其所不能"而已。"而曾二虫之无知"，郭《注》、成《疏》都解为"你竟连这二虫之不需教令而自能免患都不知道"。⑤ 这样的理解就将"鸟高飞""鼷鼠深穴乎神丘之下"的逃避中所强调出的危险的蕴义消解了。因此，正确的解释应该是：鸟、鼠尚知避患，你之知

---

① 王叔岷对此有详尽的讨论。参见《庄子校诠》，第 277 页。
② 《庄子集释》，第 291 页。
③ 《论语·为政》："道之以政，齐之以刑，民免而无耻。"《四书章句集注》，第 54 页。
④ "涉海凿河"，成《疏》曰："夫溟海弘博，深广难穷，而穿之为河，必无成理。犹大道辽旷，玄绝难知，而凿之为义，其功难克。"《庄子集释》，第 291 页。将"涉海凿河"释为穿海为河，于义已不通，而又另出凿大道为义之说，则"凿"字歧出二义，而"涉"字全无着落。以"涉海凿河"为一事，故生出种种曲说。从"以蚊负山"的比喻看，庄子此处文义当极平易。将"涉海""凿河"分为两事，则义自明矣。钟泰说："'涉海'言其不量；'凿河'言其徒劳。'使蚊负山'，则言其无是情理也。或以涉海凿河并作一事释之，非是。"《庄子发微》，第 169—170 页。
⑤ 《庄子集释》，第 292 页。

竟比不上这二虫。那么，这里强调的危险，是对谁而言的？又是怎样的危险呢？《人间世》结尾，楚狂接舆对孔子说："已乎已乎，临人以德！殆乎殆乎，画地而趋！"接舆对孔子的提醒，重点也是对人间世的危险的强调。在接舆看来，以日中始之道为天下，非惟不能致治，反倒将自己置于莫大的危险当中。

如果说"肩吾见狂接舆"章关注的是不能如何治理天下的问题，那么，"天根游于殷阳"章的重点就在于怎样才是正确的治理。这一章充分体现出了庄子对于"为天下"之道的厌弃。庄子正要藉此表明，只有真正无心于治理的人，才有可能实现理想的治理：

天根游于殷阳，至蓼水之上，适遭无名人而问焉。曰："请问为天下。"无名人曰："去！汝鄙人也，何问之不豫也！予方将与造物者为人，厌，则又乘夫莽眇之鸟，以出六极之外，而游无何有之乡，以处圹埌之野。汝又何帠以治天下感予之心为？"又复问。无名人曰："汝游心于淡，合气于漠，顺物自然，而无容私焉，而天下治矣。"①

这一章里的"无名人"是《庄子》内七篇唯一一个匿名者。钟

---

① 《庄子纂笺》，第64页。

泰说:"'无名人',喻圣人,《逍遥游》云'圣人无名'是也。"①钟泰此说,失之轻率。首先,《庄子》内篇里的至德者除"藐姑射之山"的"神人"外,其他如王骀、伯昏无人、哀骀它、卜梁倚、孟孙才和泰氏,都不是匿名者,而且都是沉默的,没有直接出现在对话的语境当中;其次,"无名人"所说的"予方将与造物者为人"与《大宗师》里孔子对孟子反、子琴张等的理解——"彼方且与造物者为人"几乎完全一样,则"无名人"与孟子反等人所达到的高度并无不同。"方将""方且"都是指向将来的,并没有现在已得之意。而且,正如我们前面反复谈到的,子祀、子舆、子桑户、孟子反等最多只是闻道者和知道者,并不在至德者的范畴里。庄子之所以不给他一个虚构的名字,可能正是要赋予其超越一切社会历史语境的匿名性,而这种匿名性又恰恰是对其普遍性的强调和凸显。"去!汝鄙人也,何问之不豫也","无名人"对于治天下的态度是决绝的。"游心于淡,合气于漠",不过"外天下"而已。只有忘天下者,才能因顺自然,而不以一己私意割制万物。

《庄子》内七篇里,老子唯一一次在对话中正面出场,是在《应帝王》"阳子居见老聃"章。这一章的讨论完全围绕"明王之治"展开,正体现了老子更关注政治治理的思想倾向:

---

① 《庄子发微》,第170页。

阳子居见老聃，曰："有人于此，响疾强梁，物彻疏明，学道不倦。如是者，可比明王乎？"老聃曰："是于圣人也，胥易技系，劳形怵心者也。且也，虎豹之文来田，猨狙之便、执斄之狗来藉。如是者，可比明王乎？"阳子居蹴然曰："敢问明王之治。"老聃曰："明王之治，功盖天下，而似不自己，化贷万物，而民弗恃；有莫举名，使物自喜；立乎不测，而游于无有者也。"①

在这一章里，老子无为的政治主张得到了简明的阐发。"功盖天下，而似不自己"，即《老子》所说的"功成而弗居"②；"化贷万物，而民弗恃"，则是对"夫唯道，善贷且成"③和"为而弗恃"④的综合；"有莫举名，使物自喜"，则是对《老子》第十七章"太上，下知有之……功成事遂，百姓皆谓我自然"⑤的转述。"弗恃"二字，当是化《老子》之文而未尽者。这一章里老子的议论充分表明庄子对《老子》的思想是有非常准确的把握的。而在尝试用自己的语言转述时，仍然保留了个别《老

---

① 《庄子纂笺》，第64—65页。
② 《帛书老子校注》，第232页。
③ 《帛书老子校注》，第25页。
④ 《帛书老子校注》，第232页。
⑤ 《帛书老子校注》，第305—308页。

子》的语汇——"弗恃"和"贷"。由此可知,庄子应该是读过《老子》的某种早期的传本的。① 当然,即使在复述老子的思想时,庄子也添加进了他本人的关切——"立乎不测,而游于无有者也"。"立乎不测"强调君主之好恶喜怒应有不可察识者,与《老子》第十五章"古之善为道者,微妙玄达,深不可识"② 尚有相通之处;"而游于无有者也"则完全是庄子意义上的至德了。即使是讨论明王之治的主题,庄子仍然把个体性的危机意识带入进来:"且也,虎豹之文来田,猨狙之便、执斄之狗来藉。"这几乎是在重复《人间世》结尾"山木,自寇也;膏火,自煎也。桂可食,故伐之;漆可用,故割之"③ 的道理了。"眹疾强梁,物彻疏明"的人,是可以为天下所用的,因此,不过是"胥易技系",属于"器"的范畴。阳子居心目中的明王,

---

① 钱穆认为《老子》晚出,且在庄子之后。前后凡数论。其考证往往依思想观念的前后发展为据。然对于先秦思想的递嬗,又多含糊笼统的认识。他的相关结论整体看是不能成立的。参见《庄老通辨》,北京:生活·读书·新知三联书店,2002年9月,第22—101页、第237—254页。五千言规模的《老子》,确实颇多晚出的痕迹,前人论之夥矣。然从郭店《老子》甲、乙、丙三种抄本看,《老子》应该是有多个早期传本的。值得注意的是,郭店《老子》甲本中有"生而不有,为而弗恃,成功而弗居"一章(王弼本《老子》第二章)。由于郭店《老子》甲本与乙本、甲本与丙本有重复的章节,因此,应该不是从一个所谓的母本摘抄下来的,而是五千言本《老子》整理完成前的不同抄本。

② 《帛书老子校注》,第290页。这里的引文依据的是马王堆甲本。值得留意的是,郭店甲本也有这一章。

③ 《庄子纂笺》,第39页。

是用天下者。而用天下者，亦为天下所用。作为人间世中的个体，这样的用的关联放大了其生存的危险。《逍遥游》里的许由说："予无所用天下为"，在这里找到了颠倒的映像。韩非子对统治者的危险的洞察，应该也有庄子的影响吧。

三、立乎不测

我们在前面讨论过《庄子》内篇的整体性，其中一个突出的体现就在于每篇各章之间主题的连贯。"郑有神巫曰季咸"章围绕"不测"展开，正是此前一章"立乎不测，而游于无有者也"的延续。"不测"的问题，与理想中的君主之德有关——君主应该是深不可识的。君主的内心如果"可得而相"，也就成了可以被利用的。一旦被贬降到用的关系里，也就随时有可能失去其不可扰动的主动性和保持自体之一的同时对他者施加影响的主宰性。这不仅失掉了君主之为"主"的应有之义，也使居于君主之位的个休陷身到了莫大的危险当中。当然，这样的危险不仅限于君主。郑人见季咸之"弃而走"与季咸最后一次见壶子以后的"自失而走"，都与之有关。

从故事后面的发展看，季咸是通过察识他人内在的精神形态来判断其"死生存亡，祸福寿夭"的。而根据壶子对列子的批评，季咸能否准确把握他人的内在是有条件的：

> 而以道与世亢，必信，夫故使人得而相汝。①

"亢"，即"抗"。②"抗"有对等义，可以引申出对待的意思。"必信"之"必"，应读如"毋意，毋必，毋固，毋我"之"必"，朱子释曰："期必。"③"必信"则以信为目标，是有意为之，而非自然的呈显，不是"情信"。以其道与世俗相对待、又期必于信，因此就有迹可察，故"使人得而相"。④通过人的内心可以察识其死生，则身心之间的某种一致性就被隐含地强调出来了。在庄子那里，心灵不是从属于作为一种物质结构的身体的功能，而是与身体并存的实体性存有。对于大多数人来说，"其形化，其心与之然"，心灵随身体结构的消解而消亡。其所以如此，是因为芸芸众者内在的主动性和主宰性无从呈露，心灵和身体交互宰制。而至德者则能"一知之所知"，故有"心未尝死者"。《养生主》所谓"指穷于为薪，火传也，不知其尽也"，不是单纯的譬喻之辞。当然，"不知其尽"的并非个体经验意义上的心灵，而是在不知之知中呈露出来的独体，也就是根本知。

---

① 《庄子纂笺》，第65页。
② 《庄子校诠》，第289页。
③ 《四书章句集注》，第109页。
④ 《大宗师》里孟子反、子琴张之"临尸而歌"，是"以道与世亢，必信"的一个典型。而正因为他们是与世俗相对待的，故孔子有"方之外"与"方之内"之辨。

由于大部分人都处在身心交制的对待当中，所以，灵觉足够敏锐的人可以透过对其心灵形态的洞察，预知其身心之解体。然而，对于壶子这样的知道者而言，对其心灵之不测的察识是没有可能的。

季咸相壶子，前后凡四次。壶子每一次都示之以不同的面相。前面两次，壶子之所示都有其确定性，故季咸有明确的结论。到了第三次，壶子示之以深渺不测，因此季咸"无得而相焉"。这一节中的"地文""天壤""太冲莫胜""杜德机""善者机""衡气机"等，解者各有异说，然皆揣测之辞，难以征实。此类文字，略明大义可矣，不必强解。季咸最后一次相壶子，情节颇为突兀：

> 明日，又与之见壶子。立未定，自失而走。壶子曰："追之！"列子追之，不及。反，以报壶子，曰："已灭矣，已失矣，吾弗及已！"壶子曰："乡吾示之以未始出吾宗。吾与之虚而委蛇，不知其谁何。因以为弟靡，因以为波随，故逃也。"①

季咸何以逃得如此仓皇，令人费解。从"乡吾示之以未始出吾

---

① 《庄子纂笺》，第67页。

宗"看，壶子此番所示已至根本。"吾与之虚而委蛇"的"之"，指代的应该是前一句中的"吾宗"。"虚而委蛇"，成《疏》曰："随顺之貌也"。① "弟靡""波随"，钟泰以为"并变动不居之貌"。② 壶子既示之以根本，又随顺之而变动不居，故季咸无从相之。然而，无从相之而已，何至于惊惧而逃呢？这恐怕与庄子的镜像比喻有关。《德充符》有"人莫鉴于流水，而鉴于止水"的说法，《应帝王》下一章也说"至人之用心若镜"。壶子所示之"未始出吾宗"，是极虚者，故有镜鉴之效。季咸于极虚之镜鉴中照见了自己的死生存亡，因此，立未定而走，一若从前郑人之见之而逃也。郭象以降的历代注家，大都以壶子为至人。然而，在具体的上下文中，却找不到任何相关的提示。与《庄子》内篇里那些无可争议的至德者不同，壶子不仅有在对话语境中的直接出场，而且还有明确的议论和道说。或以为：壶子既能"示之以未始出吾宗"，则必是已造至德之域者。其实不然。与《德充符》首章王骀的"命物之化，而守其宗"和《应帝王》首章泰氏的"其知情信，其德甚真，而未始入于非人"不同，壶子之"示之以未始出吾宗"是自觉的、有意为之的。这样的有清醒意识的呈示，甚至都达不到南郭子綦的"隐机"、颜回的"未

---

① 《庄子集释》，第 305 页。
② 《庄子发微》，第 177 页。

始有回也"和"离形去知"的高度,遑论至德?盖壶子之于列子,仿如女偊之于卜梁倚,是闻道者对有可能达到至德的人的教化和引导。

在《逍遥游》里,列子虽然是一个迹近神话的人物——"夫列子御风而行,泠然善也,旬有五日而后反",但仍然是有对待的,并不是至德之人。① 壶子向季咸呈示的,正是达到至德的不同阶段。其所以示季咸者,同时也是对列子的引导。壶子终不免于有意而为,故未成至人之德。列子则既得壶子之前的"既其文",又遇此番的"既其实",因此完成了向至德之域的跨越:

然后列子自以为未始学而归,三年不出,为其妻爨,食豕如食人。于事无与亲,雕琢复朴,块然独以其形立。

---

① "御风而行""旬有五日而后反",不详何意。有注者引《列子·黄帝篇》"列子师老商氏"章来解释。参见《列子集释》,第46—48页。钟泰也引用了《列子》这一章,并评述说:"其写乘风之状,与所以致之之功,为文甚美,为义甚密。然疑即因《庄》文此文,从而敷衍增饰之者。实则御风特守气之譬喻耳。"《庄子发微》,第14页。以"御风"为譬喻,是值得重视的思路。但以为"御风"所譬喻的是"守气",并引《达生》篇"子列子问关尹子"为证,就未免轻易了。从"御风而行"的"行"与"此虽免乎行"的"不行"之间的张力看,"御风"譬喻的应该是"以不行行"。这正与《人间世》里孔子对颜回说的"绝迹易,无行地难……闻以有翼飞者矣,未闻以无翼飞者也"相呼应。列子虽能做到不行而行,但仍然"以道与世亢",故仍在对待当中。"有所待"之"待"的依赖、依凭义,在观念上是以对待义为基础的。

纷而封戎,一以是终。①

"自以为未始学",则自知其不知;"三年不出",则无慕于外;"为其妻爨",出于忘我;"食豕如食人",寄同万物;"于事无与亲",则好恶、是非都遣矣。雕琢之华复归于朴,于是成块然之独。"纷而封戎",《释文》作"纷而封哉"。②成《疏》曰:"动不乖寂,虽纷扰而封哉;应不离真,常抱一以终始。"③详成《疏》之义,盖以"纷""封"相对:块然独立者,非不应物也,然纷扰之动不离封然之寂。正与《大宗师》所谓"撄而后成"者相发明。④

四、用心若镜

"无为名尸"章,王叔岷将其并入"郑有神巫曰季咸"章,

---

① 《庄子纂笺》,第 67 页。
② 《经典释文》,第 1457 页。
③ 《庄子集释》,第 307 页。
④ 船山曰:"纷者皆封,即撄宁也。"《老子衍·庄子通·庄子解》,第 147 页。王叔岷解"一是以终"曰:"盖纷扰之后,总归于正道也。与《大宗师篇》所谓'撄宁',即'撄而后成'之义相符。"《庄子校诠》,第 299 页。"一以是终"的"是",指的显然是前面讲的"块然独以其形立,纷而封哉",是即动即寂之义,而非动而后归于寂。王叔岷虽指出了两者之间的关联,但错失了其中的义理。

但没有给出理由。或许是误读船山《庄子解》所致。王船山解"无为名尸"一章说:"此纷封之实也。"① 推详船山之意,应该是认为"无为名尸"章是发明前一章"纷而封哉"的道理,并不是认为此章应连在前章。钟泰认为这一章是"一篇之主旨,亦一书之主旨"②,是有一定道理的:

> 无为名尸,无为谋府;无为事任,无为知主。体尽无穷,而游无朕;尽其所受乎天,而无见得,亦虚而已。至人之用心若镜,不将不迎,应而不藏,故能胜物而不伤。③

这一章是《庄子》内篇里文字最平素的。"无"或当读为"毋"。不为名之尸。尸是代死者受祭的人。为名之尸,则不免要承受由名而来的种种负面作用。庄子对声名的危险极为敏感。《逍遥游》里许由对尧:"名者,实之宾也";《人间世》里孔子答颜回:"德荡乎名,知出乎争。名也者,相札也;知也者,争之器也";又,蘧伯玉应颜阖:"心和而出,且为声为名,为妖为孽";《德充符》里无趾评说孔子:"彼且蕲以諔诡幻怪之名闻,不知至人

---

① 《老子衍·庄子通·庄子解》,第 149 页。
② 《庄子发微》,第 179 页。
③ 《庄子纂笺》,第 67—68 页。

之以是为己桎梏邪";《大宗师》里庄子论曰:"行名失己,非士也"。《庄子》内七篇里的"名",都是声名义。郭象注"无为名尸"则曰:"因物则物各自当其名也。"① 这是将此处的"名"解释为"名分",应该是误读。郭象将此章整体上把握为关于圣王之治的讨论,故错失了文句的本义。这里的偏差看似细微,却体现出了郭象的思想与庄子哲学在根本宗旨上的不同。不为谋之府。《德充符》说:"圣人不谋。"不谋,则无怀藏智虑之患累。不为事之任。任有职责义,且是主动承担而来的。《大宗师》:"以知为时者,不得已于事也。"事之不得已者,如父子之命、君臣之义,则不择事、不择地而安之。过此以往,则或役于名、或拘于利,从根本上失其自主了。不为知之主。为主有不为所动之义。主于其所知,就会固执于其中,不再能看到自己的知的局限,从而丧失掉对人的本质的无知状态的领会。以上四者,都是以真知为基础的真理性生存的表现,不是专就圣王及其治道而言的。郭象以来的注者,大都宥于"应帝王"的字面意思,给出了越过文本自身限定的解读。"体尽无穷",无穷者必是不测和无对待的,即我们前面反复论及的独体的呈露;"游无朕",即"游于无有者也"。"无见得"之"见",当读如"现"。至德之人也不能没有作为个别的具体存有的方面——

---

① 《庄子集释》,第307页。

"一受其成形,不亡以待尽"者,所能做的不过是充极其所受者——"保身""全性""养亲""尽年"。然而,尽其所受者,并不是执着于现在之偶得。无往而不在"一化"之中,一时之现得,"亦虚而已"。"至人之用心若镜"的"若"字,是不宜忽略的。否则就有将至人之德误解为纯然被动的危险。镜鉴之"不将不迎,应而不藏",在至人那里同时就意味着"无不将也,无不迎也"(《大宗师》)、"官天地,府万物"(《德充符》)。至人有不为万物所动的主动性,同时又有作用万物的主宰性,因此说"胜物"。而至德者对万物的作用和影响只是使其充分实现自身而已,没有额外的校正和割制,所以于物无伤。镜鉴之喻的确精妙已极,但喻象终归只是喻象。若径以其为庄子之归旨,所差虽甚微,其失则远矣。

五、浑沌之死

《天下》篇述庄子之学,结尾处说:"其应于化而解于物也,其理不竭,其来不蜕,芒乎昧乎,未之尽者。"[①] 盖深有见于庄子哲学思致之辽远无极者也。庄子之书收结于"浑沌",浩瀚无涯的文本和思想世界凝结为一个单纯的寓言:

---

① 《庄子纂笺》,第273页。

南海之帝为儵，北海之帝为忽，中央之帝为浑沌。儵与忽时相与遇于浑沌之地，浑沌待之甚善。儵与忽谋报浑沌之德，曰："人皆有七窍，以视听食息，此独无有，尝试凿之。"日凿一窍，七日而浑沌死。①

关于儵、忽及浑沌的喻象，成《疏》曰："南海是显明之方，故以儵为有。北是幽暗之域，故以忽为无。中央既非北非南，故以浑沌为非无非有者也。"②成玄英的解释强调了两点：其一，此章的主题是关于有无之辨的；其二，以明暗区分南北和儵忽。后一点也影响了船山的《庄子解》。船山分别以"儵然之明""忽然之暗"和"无明而无不明"分释三者，进而释曰："知与不知，皆出于一真之大宗，而还以戕贼其宗。知者任其知，不知者任其不知，心无与焉，则混沌常存，应物而不死。"③在船山看来，这一章的主题与知有关。钟泰在对此章主题的把握上，与船山一致："此承上'无为知主'而言，并与篇首'不知'语意相应，欲人知而复于不知，老子所谓'歙歙为天下浑其心'者，故设为浑沌之凿，以示其鉴戒焉。'儵'与'忽'，皆喻知，《楚辞·少司命》云'儵而来者忽而逝'。儵言知之来，忽言知

---

① 《庄子纂笺》，第68页。
② 《庄子集释》，第309页。
③ 《老子衍·庄子通·庄子解》，第149页。

之逝。一来一逝，迅如飘风，故名之以'儵'、'忽'也。来者其出也，象阳明，故曰'南海之帝'。逝者其入也，象阴晦，故曰'北海之帝'。'浑沌'，喻不知之体，居中以运其知者，故曰'中央之帝'。"① 钟泰的理解明显有承袭成玄英和船山之处。其言"儵言知之来""忽言知之逝"，是牵合《楚辞》中儵、忽的用法，强立分别。"知之来""知之逝"这样的说法涵义不明，难以成立，且无《庄子》文本和观念的佐证。尽管如此，在明确指出"'浑沌'，喻不知之体"这一点上，钟泰还是别具洞识的。在《庄子》内篇里，以南北为明暗，是不能成立的。《逍遥游》首章说："南冥者，天池也。"又说："穷发之北，有冥海者，天池也。""南冥""北冥"都被称为"冥"，且都是"天池"，是无所谓明暗的。鹏之"徙于南冥"，更不能理解为一个由暗向明的路途。鲲化为鹏，或有某种觉醒的寓意。至于其"九万里而南为"，则正如我们前面讨论过的，只是为了获得"其远而无所至极"的大知的视野。

"南海之帝""北海之帝"喻指的只是相对、相反，"儵"和"忽"皆强调短暂。之所以说这一章的主题是知，其依据在于儵与忽凿浑沌之窍的原因——"人皆有七窍，以视听食息"。"视听"无疑与知有关，"食息"则指向个别存有的自持。这似乎提示了

---

① 《庄子发微》，第180页。

两种可能的诠释方向。但如果像成《疏》那样沿着存有的方向将问题确定在有无上，进而以南海之儵为有、北海之忽为无、中央浑沌为非有非无，那么，有与无作为相对待者，必定是以非有非无者为根源和根据的。在实存的意义上，只能是相对待者受绝对待者的主宰和左右，而绝对待者并不受相对待者的影响。① 作为相对者的"儵""忽"，却不仅能够给绝对者带来改变——"日凿一窍"，而且能使其终结。这是无论如何都说不通的。所以，从知的方向上理解，是唯一正确的选择。

"儵"与"忽"是相反而短暂的知，② "浑沌"喻指不知之知。在不知之知的承载和遮覆下，彼此对立的、不确定的知的不可避免的普遍化倾向得到了约束，从而保留了在自省中容纳对方的可能。始终保有对根本上的无知处境的警醒，具体的、有限的知才有可能获得分寸感。由这分寸感而来的自身限界的设定，是一切具体的知发挥有益作用的前提。"待之甚善"的"浑沌之德"，"儵"与"忽"是知道的。但它们并不知道"浑沌之德"的真正内涵，一如其自知其知而不知其不知。"浑沌"的不知之知成了刺眼的缺陷。"日凿一窍"的报恩杀死了"浑沌"。"七日而浑沌死"，对不知之知的彻底去除不是瞬间完成的。"浑

---

① 《大宗师》云："杀生者不死，生生者不生。"《庄子纂笺》，第55页。

② 《齐物论》云："道隐于小成，言隐于荣华。故有儒、墨之是非。"《庄子纂笺》，第13页。

沌"之死是时间中的过程，因此也就有了历史的喻意。然而，"浑沌"死了以后呢？当具体的、有限的知失去了自我限定的起码分寸，开始以僭居的普遍性俯视人间，"昔者十日并出，万物皆照"的寓言不就成了世界的真实写照吗？

第十一章　真知之路

《庄子》内篇的整体性以及思理与文本展开的一致性，为我们在细致的文本解析中深入庄子的体系化思考提供了可能。以此前十章的阐释和思考为基础，在这一章里，我们将脱开具体文本，依其思辨的固有脉络再现庄子的哲学。这一努力至少部分地意味着要在现代汉语语境中像庄子那样致思和追索。

一、视　野

哲学以真知为目标，那么，何为真知呢？对这个问题的领会，决定了不同的思想方向和路径。在庄子哲学里，何为真知的问题是以否定的方式解答的。只有明确了什么样的知不是真知，才有可能确立真知的标准，进而敞开抵达真知的道路。这一否定式探索的开端是一个根本的质疑：怎么知道我们所说的知不是不知呢？怎么知道我们所说的不知不是知呢？无所囿限的质疑深度将庄子的否定式思考推到了极致,同时也蕴涵了指向究竟义的思考环节。具体的知总是有所待的,既有客观的方面,也有主观的方面。而其所待者又是没有确定性的。在庄子那里,没有确定性的知不可能是真知。也就是说,确定性是真知的首要标准。而由于知的不确定性来源于有所待,有确定性的真知必定是无所待的。无所待的确定的知,是无条件的。换言之,真知无论在什么情况下都是成立的,因此是普遍的。普遍的、绝对的、确定的知才是真知。但这样的知有可能存在吗?如果普遍、绝对、确定的真知有可能实现,那岂不意味着可以有某种人格性的万物的主宰者?而如果这种真知根本就是不可能的,那么,庄子以真知为追求的哲学思考岂不成了不折不扣的徒劳?而且,既然真知是普遍的、绝对的、确定的,那么,它应该遍在于一切个体的心灵。如果不是这样,也就意味着可以有不认同真知的心灵,那么,真知的普遍性、绝对性和确定性又从何谈起呢?以潜能与现实或与之相类的思路来给出尝试性的回答,并不是庄子的道路。因为,潜能与现实的结构一定会引入某种形态的目的论。如果真知是个体心灵的种种知的形态辩证发展的最终目的,那么,一方面,所有的知的形态都是通向目标的必然进程的环节,不可测的偶然没有安身之所;另一方面,所有在这必然进程中作为环节的心灵也都有达至真知的可能。而这两方面,都是庄子哲学所反对的。真知遍在于一切个体的心灵，只是在大多数人那里，它都被遮盖了。对真知的遮盖之所以可能，是因为它来源于真知本身。而之所以有揭开这遮盖的可能，也同样是以真知为根源的。

去除了遮挡的无尽辽远的视野是真知得以揭示的前提。正如我们在前面已经指出过的，"逍遥"本作"消摇"。"消"是消除义，"摇"是摇动、挣脱。两者都是否定性的，指向对大知视野的遮挡的去除。那么，究竟什么遮挡了呈露真知的视野呢？知和用是《逍遥游》全篇贯通性的概念。而与用相关联的知总是有所待的。因此，要想达到绝对的、确定的知，就要超越用的关联的遮挡。

一旦被纳入到用的关联的整体当中，人就在用物的同时为物所用了。作为用具的使用者，人使得用具的有用性得到了实现。"窅然丧其天下"之前的尧，是为天下所用的。许由不受尧让，表面上说的是"予无所用天下为"，同时也等于说"予不欲为天下用"。具体的用的关联总是从属性的、局于一域的。在宋人那儿必不可少的章甫，到了"断发文身"的越地成了无处可用的东西。由于用的相对性，与用相关联的知当然也就是相对的。从根本上讲，人类的知识领域的展开还是以用为核心的。即使是最远离实际功用的学科，其产生和发展也没有办法与用的关联的整体完全割裂开来。在现代的知识系统当中，数学不仅常常自认其本身是普遍必然的，同时也为其他自然的、社会的乃至人文的学科赋予了某种普遍必然的面相。问题是，作为大化流行的统体的世界可以完全量化吗？在不可量化的范围和领域，数学的普遍性和必然性还能成立吗？庄子对不测的偶然的强调，提示出了他对这一并不在其论域中的问题的可能的回答。以用为核心的知遮挡了确定、普遍的真知，仿佛光芒吞没其晦暗的来源。

二、两条线索

"真宰"和"是非"是《齐物论》两条交织的主线，最后收结于"罔两问景"章的"待"和"梦蝶"章的"物化"。由"消摇"敞开的大知的视野，为存有的基本问题的展开提供了可能。个别存有的存在及其形态从何而来？以何者为根据呢？有"使之者"吗？《齐物论》首章一个隐蔽的关键词——"使"被完全忽略了。而这个词正是后文引出"真宰"概念的关键："非彼无我，非我无所取。是亦近矣，而**不知其所为使**。若有**真宰**，而特不得其朕。"这一段文字里涵藏了庄子思辨结构的核心。

庄子之所以被误解为一个怀疑主义者，恰恰是因为他的哲学质疑和追问的深度。对于一种拒绝接受任何成见的哲学来说，确定无疑的思考的起点是回避不开的问题。庄子是从人的存有的直接性出发的，同时涉及心与身两个方面。庄子没有在入手处便去探讨纷纭繁复的心灵内容的真实性问题,而是体察到所有情感念虑都与"此"相关联并且似乎都根源于这个"此"。这些似乎由"此"而来的短暂易逝的心灵显像是不由自主的,由此可以推知,其关联的另一端有一个无法把握的"彼"。若心灵的种种显像完全来源于"此"或"我",那么就应该是可知的、可以掌握的,但深入的体察将会发现它们的产生、变化和消失都有无从认识和无法掌控的方面,所以,只能从与"此"相对的"彼"来理解。"此"或"我"不仅不知道心灵显像的产生、变化和消失,也不知道自己的所由来、所去往和存有的根据。反思中对自己的根源的追问,充分暴露出了"此"或"我"的非根源性。因此说"非彼无我"。这一"彼""我"之间的必然关联又是为何者所"使"的呢?由此似乎可以推出"真宰"来。但既无朕迹可寻,又似乎找不到确证的方法。由于身体在人的存有的直接性中也是切近的,庄子也做了相应的考察。庄子没有对身心关系给出正面的讨论,但从他的种种相关论述看,身与心是可以相互作用的并行的实有。心灵可以对身体施加影响,但"百骸""九窍""六藏"之间的有序运行并不是心能够支配的。由此似可推出"其有真君存焉"的结论。而且无论是否能"求得其情",换言之,无论对其知还是不知,都无法影响"真君"之"真"。对人的心和身的体察,可以推论出"真宰"或"真君"的存在。但这种体察并不意味着哲学上的证明。

以真知为追求的目标，则"是非"是无论如何绕不过去的。道遮蔽于小成，言遮蔽于荣华，因此有了儒、墨之类相互对立的是非之见。然而，如果是确定无疑正确的，怎么会有相反的认识和意见呢？由相对立的认识的存在，可以推知一切声称其具有普遍性的知其实都是相对的。麻烦的是，当我们这样说的时候，我们不是又道出了一个普遍的论断吗？这一普遍性的论断至少是可以被质疑和反对的——这并不困难，那岂不是又陷入是非之争了吗？由此开启的是一个无尽的循环。事实上，只要涉及是非的问题，这样的循环就是避免不了的。当我们说分辨是非不对的时候，我们已经说出了自以为正确的东西。是非的循环是根源于认识的实际还是仅仅是语言的问题？庄子清楚地看到了语言的从属性——"言者有言，其所言者特未定也"。真正的至德者都是无言的。关于道的言说在庄子之书里都出自闻道者或知道者之口。而且这一类的言说也都是"尝言之""尝试言之"和"妄言之"。对道的言说，也会落入无尽的循环。当我们说道不可言说的时候，我们已经说出了关于道的某种理解。于是，只能再用一层否定来消解刚刚说出的东西。这也是一个无法穷尽的过程。是非的无尽循环虽然不能说与语言的局限性无关，但并不根源于此。之所以会有是非之争以及由试图消解是非之争而来的无尽循环，是因为个别存有根基处的此和彼的分别。

一切个别存有都有其"此",只不过有的是自在的、盲目的,有的则是自觉的。对于不能自觉其"此"的存有,"此"是其维持自体之一的倾向的体现,而"彼"则是从瓦解的方向呈显的。当然,在现在的思考阶段,这还只能是一种揣摩性的领会。我们现阶段思考的立足点,还是能自觉其"此"的存有。能自觉其"此",也就能觉知与"此"相对的"彼"。之所以以"此"为根本,是因为每一个"此"都无法真正见"彼"之所见,却能自知其所知。这就证明了"此"与"知"的关联更为直接。同时也就证明了在觉知的关系里,"此"相对于"彼"的根源性。所以才会说:"彼"根据于"此"。然而,虽然"此"有相对于"彼"的根源性,但二者毕竟是同时并起的,所以只能说:"此"也以"彼"为根据。如果只有一个自觉其"此"的存有,则虽然仍有不知之"彼",但不会有其他自觉其"此"的"彼"与之并存。这样的话,就不会有无法调和的是非之争。而既然有儒、墨这样针锋相对的观念冲突,也就充分证明了同样能自觉其自我的他者的存在。这当然并不是庄子本人明确说到的思考过程,而是我们根据其基本论断给出的尝试性的补充。正因为有无限多"自彼则不见,自知则知之"的自觉其"此"的存有,才导致"我与若与人俱不能相知"。人与人之间根本上的不能相知,也是人的无法消除的主动性的保障。

能自觉其"此"的存有都有以"此"为基础的"然"和"可"。

所有的"然"和"可"都源自与维持其"此"有关的种种涉求。王倪答齧缺，反问之以"孰知正处""孰知正味"和"孰知正色"，三者对于个别存有的自身维持都是最为基本的。以这些基本的涉求为判断标准，就分别出"可"的和"不可"的、"然"的和"不然"的。庄子说："物谓之而然。""谓之"可以是形诸语词的，也可以不在言说当中。但意有所向，皆有所指。一切存有都一定有其"然"与"可"，没有事物在"然"与"可"之外。所有事物都围绕各自的"此"判定其"然"与"可"，也在其他事物的"然"与"可"的判断和分别当中。"然"与"可"的指谓，同时也就意味着"不然"与"不可"。换言之，"然"与"可"涵摄了"不然"与"不可"。之所以不能倒过来讲"不然"与"不可"涵摄了"然"与"可"，是因为知的根基在"此"不在"彼"。一切无非是"然"和可"，故"举莛与楹，厉与西施，恢诡憰怪，道通为一"。物有其"此"，即是有所成。而"成"是由"道行之"而来的。道不是孤立隔绝的，而必是普遍通达的。通达一切故成就一切。物有所成则有自居其成的倾向，故小成蔽道。"成"的另一面就是"毁"。"成""毁"为一，则"无成与毁"。因此，也是"通为一"的。庄子之论齐物，始终强调一个"通"字。若无"通"，则"一"之用不行；若无"一"，则"通"之体不立。

皆自"此"其"此"，而"彼"他者之"此"；皆自知其知，而不知他者之知，是不可调和的"是非"之争的根源所在。然而，真的有"彼""此"的分别吗？还是根本就没有呢？说有或说无都会落入知的范畴，根源性的怀疑则是真正的不知。这一不知指向了对"彼""此"对待的超越——"彼是莫得其偶，谓之道枢"。基于"此"的自知是无可怀疑的。除此以外，与"此"相对待的"彼"尚且在疑贰的不知之中，遑论其他？然而，吊诡的是：不知也是知，换言之，是知道自己不知道。所以，自觉其"此"的个别存有除自知以外，还知道自己的不知。深藏在自知的根基处的不知，呈露出根源性的他者——"非彼无我"的"彼"。这个"彼"与"此"不构成偶对的关系，是"此"的根源。作为"此"的根源的"彼"就是庄子所说的"真宰"或"真君"。"真宰"或"真君"在不知中呈露。由于不知是自知的根基，所以，一切以自知为基础的知在本质上也都是不知。这样一来，对待中的"彼""此"以及由之而来的"樊然殽乱"的"仁义之端，是非之涂"也就失去了声张自己的普遍性的基础。至此，《齐物论》的两条线索在不知这个关键环节上结合起来了。这一思辨性的论证过程有一个绕不开的麻烦：这里所说的不知是通过庄子对"彼""此"之辨的怀疑引出的，而在解决"是非"之争的问题时我们又不假思索地把这一分别带入进来了。能自觉其"此"的存有在自知的同时，又是根本上不知的。从自知返归于不知，由此引出超越对待的根源性的"彼"；由不知进至于自知，则有与"此"偶对的"彼"以及"彼""此"对待的确定关联。都在"一知"当中，本是浑沦难分的。在言语中做思理析解，不得不凿开浑沌、断裂圆融。表面看来不可解的矛盾，其实只是错觉。

"罔两"之问起于不由自主的变化。与自觉其"此"的自知相伴随的，是持续的变化的经验。由于变化的由来及过程都有不可掌控的部分，可知其并非根源于"自"或"此"。"自"或"此"所经历的变化是有所待的。换言之，从"自"或"此"的角度看，应该有与"此"相对待的无法完全认知的存有产生了这些变化。"景"的回答则引出了一个待的无穷系列，最终仍归结于不知。

《齐物论》最后一章梦的寓言以最坚硬的方式引出了世界是否真实存在的问题。无法证明自己是否活在梦里，是一个根本的哲学困境。除了真正的"大觉"者，甚至都没有人能"知此其大梦也"。"大觉"者的所见不进入言说，只能通过闻道者的思考和体证略见仿佛。"梦蝶"章思辨的关键环节也是不知。对于觉与梦的分辨，庄子没有做任何徒劳的努力。在梦中又如何呢？难道不是同样在不由自主的变化当中吗？既然都在变化的不可掌控当中，不恰恰证明了无论在觉还是在梦，都有与"此"相对待的"彼"的客境存在吗？

三、物之化与命之行

何谓客境？凡不在自主掌控范围的，皆可归诸客境。客境既然是实有的，那该如何理解庄子将"有以为未始有物"看作知的极至呢？这里需要留意的是，庄子说的是"未始有物"，而不是"无物"。从《庄子》内篇里"未始"的用例看，这个表达是有否定意味的怀疑语。疑其未必有，亦不能必其无，则入于不知之域。以古之至人之"以为未始有物"，只能证明在庄子那里至人之知即是不知，而不能由此认为庄子否定物境的存在。物境的存在是由自觉其"此"的存有的自知所体察到的变化的经验来证实的。由于有觉性的存有的自知只是对自身同一性的觉知，是始终不变的，所以，不可能是变化的经验的来源。当然，这里所说的对自身同一性的觉知并不意味着个体存有的自体之一的实现，而只是持续变化中不变的倾向。既然变化的经验的根源不在有觉性的存有的自知当中，那就只能归诸客境了。不因变化的经验而改变的对自身同一性的觉知，是有自主性的主体的明证；而变化的经验不为自主的主体所掌控，则呈显出客境的本质。

与自知相伴随的变化的经验，构成了对自身同一性的觉知的阻碍。维持自体之一的倾向以及对变化中的不变的觉知遇到变化以及变化的经验的阻碍，必定要加以克服。变化以及变化的经验不可能影响维持自身同一的倾向，但却会影响对这种倾向的觉知。当然，以自身为对象的自知不可能被根本上阻断，但会引生出一种企图：将所有变化的经验都纳入到自体之一当中，进而将所有的变化都纳入到自体之一的支配之下。这样的企图或者倾向其实就是各种具体的知的来源。具体的知总是试图把握各种变化，并藉以操纵它们——延缓、阻止、触发和增进。然而，无论是感官经验的认知还是知性的认知，都有无法确定的部分和要素。感官经验的不确定性以及无法超越的局限性是显见的。知性所认识的各种规律则容易被误解为普遍必然的。这其实是一种根本的错觉。一方面，经验科学中的规律的普遍必然性并没有得到证明，也不可能被证明；另一方面，对经验规律的数学描述只能是近似的，不可能达到绝对的精确性。从根本上讲，哪怕一个非常局部的领域，我们也无法穷尽其中的各个层面的知识。正因为变化以及变化的经验是具体的知无法充极把握的，所以，由"大地之一气"构成的世界才是无限的。这种无限性既是大化流行的统体的本质，也蕴藏在一切层面的变化当中。由于无限在根本上无法认知，也就是无法主宰和支配的。这也就构成了客境之为"客"的本质。换言之，不测的偶然才是客体的真正内涵。变化的客境的"不得已"和"不可奈何"，在庄子哲学里被揭示为"物之化""命之行"。

然而，如果我们只是一味地强调变化的偶然与不测的一面，则会陷落为完全意义上的不可知论。庄子的著述涉及各种类型的具体的知，而且这些知并不是全无意义的。庖丁对所解之牛的肌理的知、匠石对栎社树的不材的知，以及对伦理意义上的"子之爱亲"的"不可解"和"臣之事君"的"不可逃"的知，等等，在庄子那里并没有负面的意味。至德者"以知为时"，因为"不得已于事"。虽然一切变化都有不可测知的偶然性，但这并不意味着变化的过程是完全没有确定性的。所谓变化的恒常，其实就是同一基础上差异的不断产生。由于变化遍在于存有的一切层面，同一、差异的必然纽结也无处不在。这样一来，也就有了部分地把握住具体存有及其关联间的某种同一性的可能。知的根源就在于自觉其自体之一的主体试图将不测的变化纳入到某种同一性秩序中的努力。在这个意义上，所有的知其实都是主体主观化客境的结果。比如，当我们将某个领域的变化纳入到某种可以用数学的描述来近似的关联，我们就在很大程度上获得了对这个领域的知。当然，这类的知不可能是完全精确的，总有偶然的例外和误差。尽管具体的知不可能是普遍必然的，但仍然可以对实际的变化过程产生影响。能自觉其"此"的存有始终有对自身同一性的觉知，这一觉知在根本上是一切变化的经验都无法消解的。换言之，有觉性的存有的自知是有必然性的。自知总是以自身为对象的，所以，同时也就是自主的。值得注意的是，汉语当中的"知"字本身就有主掌的意思，如《易传》中的"乾知大始"。能不为一切变化所动的自主与自持，总是以否定性的"不"呈显出来。所以，真人"不逆寡，不雄成，不謩士"，"不知说生，不知恶死；其出不䜣，其入不距"。孟子论大丈夫也说："富贵不能淫，贫贱不能移，威武不能屈。"在无尽的变化中自持，有陷落并迷失于不测的同一与差异的纽结的可能。沉溺于某种感官快乐的人，汩没在偶然的客境的一与异的流转中，部分地失去了返归自体之一的自知和自主。故庄子说："其耆欲深者，其天机浅。"能在变化中自持、自主者，其自身同一的觉知在根本上必定表达为否定性的"不"。否定性的"不"对于有觉性的存有而言，是普遍的和本质的可能。当能觉者以否定性的"不"决绝地返归自体之一时，一切变化以及对变化的具体的知都无法动摇和左右。这样的自主不在任何被动的束缚里，是人的最高主动性的体现。人的自主和自持却能够反过来通过具体的知对实际的变化过程产生影响。自身不受影响却能够给他者带来影响和改变，是主宰者的作用的表现。当然，由于有觉性的个体终归是有限的，所以，个体的自知以及由之而来的各种具体的知的主宰作用也并非普遍的。

四、真宰与独体

　　自觉其"此"的存有的自知以及各种具体的知都是有限的，其根基处都是不知。不知之知才是确定、普遍和绝对的。换言之，只有不知之知才是确定无疑的真知。我们在前面提到过，真知是遍在于每一个人的心灵的，但并不是所有人都有敞开真知的可能。其所以如此，恰在于对于真知的遮盖源自真知本身。具体的知本来从属于人的维持其自身同一的目标，人们通过这些具体的知将不测的变化掌控在一定的范围内。由于作为具体的知的根源的自知所觉知的只是贯穿在一切变化中的不变之一，而不变之一是无限者，所以，人的自身同一的维持是指向无限的。自知中的这一无限指向亦贯穿在一切具体的知当中，由此而有无限占有和支配的欲望。对于迷失在无止境的逐物当中的人来说，不知之知是一种需要克服的缺陷，而不是有敬畏的人生的地基。部分醒觉者深刻地知道其根本上的不知，然而，对自己的不知的知道仍然是有分别的、知解意义上的。明确地知道不知之知为真知，等于又陷入是非对错的无限循环了。只有极少数有"圣人之才"的人有可能通过"忘"或"外"的方式体达不知之知——既不知其知、亦不知其不知。这一绝对的知根本上讲是不能形诸语言的。南郭子綦的"吾丧我"、颜回的"坐忘"是短暂的抵达，但却是至关重要的。正是这罕见的瞬间,才有了将根本知的经验带入言说和思想的世界的可能。闻道者和知道者思理上的道说由于这样的验证而部分地摆脱了外在性和抽象性。

事实上,闻道者与至德者的隔断是庄子哲学展开的枢纽性环节。正因为这一必要的区分,不可言说的不知之知才有了进入思想和言说的可能。至德者停留在沉默的至德之域,闻道者则通过理解至德之人的根本知给人间世以超越性的引导。那么,为什么不能将闻道者构想成潜在的至德者呢?这不同样能够解决不可道说者如何进入思想和语言的问题吗?这样的构想有可能使至德之域成为普遍的可抵达的目标,因为闻道者所闻之道一旦形诸言说,就成了有觉性的存有都有可能理解的东西。而这样一来,某种形态的目的论和彼岸意识也就引入进来了。庄子无尽变化的世界与这样的思想图景是无法相容的。在我看来,这正是庄子哲学的"此世性格"的体现。

作为根本知的不知之知是绝对待的。它甚至不能以其自身为对象。但它不可能是与有觉性的存有的自知及各种具体的知无关的,而是遍在于一切知的根基处。根本知不因个体的知的变化而受任何扰动,却能普遍地影响各种不同层面的知。在这个意义上,它是主宰和支配性的。由于根本知不可能有任何认知的对象,而从其对各种层面的知的作用看,又不可能是虚无——纯粹的不存在,它只能是根本的主宰者——庄子所说的

"真宰""造化"的完整呈露。根本的主宰者是绝对的、无限的和普遍的,所以是独体。独体"有情有信,无为无形",贯穿于一切变化又不为变化所动。由于是绝对者,所以只能是一。独体之一不是隔绝于具体的存有和变化的,而是遍在于一切层面的普遍的变化当中。我们前面谈到过的一与异的纽结中的一,其实就是一切存有根基处的造化者和真宰。独体和真宰并没有任何意义上的自觉,与作为根本知的不知之知是同一的。在这个意义上,可以说独体和真宰的存在是"盲目"的。当然,这里所说的"盲目"并不是消极的,而是积极地指向日新的无尽创生的。换言之,正因为独体和真宰是非自觉和盲目的,大化流行的统体才是不测和无限的。郭象说:"夫无力之力,莫大于变化者也;故乃揭天地以趋新,负山岳以舍故。故不暂停,忽已涉新,则天地万物无时而不移也。"子玄《庄》注所以独步千古,其根本处实深有契于庄子也。

独体与不测的变化的必然纽结,是理解庄子致思的极至处,也是关键处。一切层面的变化都有其偶然和不测。这也就意味着无论是大化流行的统体还是某个变化的局部,都是不可能被完全地主宰和支配的。那么,我们该如何理解独体和真宰的主宰性呢?在庄子那里,独体和真宰是"万物之所系,而一化之所待",其主宰义是无可置疑的。事实上,如果深入理解主宰的概念的真正内涵,将会发现被主宰的一面本质上的不可主宰恰恰是主宰义成立的必然环节。因为作为绝对者的独体和真宰如果能完全支配变化的世界，那么，一切变化会最终被抹去或者干脆就不会开始，而被主宰、被支配的一面一旦消失，主宰义本身就在概念层面上瓦解了。在这个意义上，无尽变化的偶然和不测其实是独体的绝对性和主宰义的具体实现。这也是有觉性的存有无论是向外试图掌控变化，还是向内探求自身存有的根基，都会陷入不知之境的原因。既然真宰和独体是绝对待的，何以又会有一个与之相对的实存的变化世界呢？其实，实然的层面只有无限的变化。当我们想在语言和思想上理解一与异、变与不变的纽结时，试图道说本质上不可道说者的悖论是无法逃脱的。长梧子对瞿鹊子说："予尝为女妄言之，女以妄听之"，可谓立言之诚的极致。

对于能自觉其"此"的存有，无法掌控的偶然和不测整体性地呈显为"命"。面对整体上隐身于彻底的晦暗中的不可奈何，唯有"安之"而已。将"安之若命"理解为消极的随顺，理解为衰朽者不可救药的油滑，是对庄子哲学精神的根本背离。"事之变，命之行"既不可测知，即使想要随顺又从何随顺起呢？"安之"其实只是置之度外、不为所动而已。在不测的变化中始终保持对自体之一的醒觉以及由此而来的自足和自主，使一切表面的被动任受都贯注着狷介的刚强自守。有觉性的个体存有始终有对其自身同一倾向的觉知，并以此为基础持续地自我设定——庄子所说的"吾之"。尽管在实存的层面,这一自我设定的边界并不确定,但有了明确的内外的限隔,也就有了自身同一的范围。试图在被设定为"自"或"我"的范围内维持其自体之一,也就有了"说生而恶死"的倾向。然而在无尽的变化中,有限的个体自我设定的自体之一的范围终归是无法维持的。自我设定的基础在于以自身为对象的自知,而自知的根基又恰恰是作为根本知的不知之知。自我设定的自体之一的消解——死,从根本上讲是自知向不知之知的返归。在这个意义上,死从来都不是外在的,而就在生的根基处。"死生存亡之一体",就内蕴在自身同一倾向的自我觉知当中。

五、"未之尽者"

《列御寇》篇记录了庄子的死:

> 庄子将死,弟子欲厚葬之。庄子曰:"吾以天地为棺椁,以日月为连璧,星辰为珠玑,万物为赍送,吾葬具岂不备邪?何以加此!"弟子曰:"吾恐乌鸢之食夫子也。"庄子曰:"在上为乌鸢食,在下为蝼蚁食,夺彼与此,何其偏也!"

此概后世学庄者拟造。庄子文章、思理超逸绝伦，若不循常轨者，然沉潜深致，无滑稽炫智语。

在《大宗师》里，庄子藉故事中的映像设想了自己贫病中的最后一刻。陪伴他的是那些现实世界中并不存在的"外死生、无始终"的朋友。

想象中，庄子死于早秋，某个单独的午后。没有病痛。那应该是个晴和的日子。在他最后的世界里，伴随最初的落叶，会有果实坠地的声音吧。